生きる言葉

名編集者の書棚から

粕谷一希

Kasuya Kazuki

藤原書店

生きる言葉　目次

本文写真提供＝市毛實

〈編集部付記〉

本書は『読売新聞』二〇〇六年十月三日〜十一月二十一日「言葉を生きる」欄、および月刊『機』（藤原書店）二〇〇七年四月号〜二〇一三年十月号連載「生きる言葉」を再構成したものである。収録にあたり、配列を変更した他、タイトルを変更したものもある。本文中の書誌情報は、初版ではなく、著者の手元にあるものを掲載した。

生きる言葉

名編集者の書棚から

芥川以後

水洟や　鼻の先だけ　暮れ残る

（芥川龍之介　辞世の句）

芥川龍之介は昭和二（一九二七）年七月二十四日に服毒自殺を遂げた。昭和四年、小林秀雄の「様々なる意匠」を越えて、宮本顕治の「敗北の文学」が『改造』の懸賞文芸評論一等に当選した。ここから昭和の時代、昭和の文学が始まる。

芥川が最後に文藝春秋を訪ねたとき、菊池寛は忙しくて会えなかった。そうしたことも菊池寛の痛恨の思いには入っていたことだろう。『文藝春秋』は「或阿呆の一生」、「侏儒の言葉」で部数を伸ばした。新人の育成が大切なこともこのとき痛感したのだろう。だから、芥川賞、直木賞を創設したのだ。二賞はそれから今日まで続いている。

それから川端康成と横光利一を会わせ、二人がつき合うように示唆したのも菊池寛だった。そして菊池寛は『新思潮』のまだ文壇に出てない仲間たちに雑誌の頁を開放した。直木三十五はその最後の一人だった。彼は女を連れこんで文藝春秋社に寝泊りしていた。その直木が面白い作品を書き出した。「南国太平記」その他である。読者は面白いものを好み、求める。エンタテイメントの直木賞作品が現代でも受けるのは当然といえよう。芥川賞に当りはずれが多いのは、質の高いものは多様であり、是非が難しいからだろう。

これに反して宮本顕治の「敗北の文学」はそののちの日本共産党の行動にみられるように、政治的価値と文学的価値が混同され、多くの作家を傷つけた。中野重治、野間宏などその例である。学士たちも同様で梅本克己などどうして除名したのか。

これに反して、島木健作、石坂洋次郎など転向文学に優秀なものが生れ、『文藝春秋』は、戦後、皇室記事と戦記物で確乎たる地位を築いた。日本の保守主義は健在なのである。それに反して進歩派は常に危ない。

「文学を捨てる」

錯乱Ⅰ

狂気の処女
地獄の夫
地獄の道連れの懺悔をきかう。

「天に在ますわが「夫《つま》」主よ、あなた様の下部達のうちでも一番惨めな妾の懺悔です。何卒お容れ下さいまし、妾はもう駄目です。何も彼も飽き飽きして了ひました。何も彼も穢れて了ひました。何といふ生活でせう。」

（アルチュル・ランボオ『地獄の季節』小林秀雄訳、白水社、一九三〇年）

我々の若いころ、詩を捨てる、文学を捨てる、哲学を捨てるという言葉がどれほど流行ったことだろう。みな本を正すと、ランボオということになる。あるいは小林秀雄と中原中也のドラマとダブらせて感じ考えていた。それは戦後の混乱期のことで、太宰治や坂口安吾の言動ともダブっていた。友人たちはみなこうした文士たちの言動から影響を受けていた。

昭和の文学は、芥川龍之介の自殺と共に始まるが、そのあとは、横光利一、川端康成の新感覚派運動を取ってもよいし、小林秀雄、中原中也、河上徹太郎を取ってもよいだろう。横光、川端は共に菊池寛のところに出入りしていて、菊池寛は二人を紹介して、一緒に文学をやるように推めた。二人は菊池寛の家で一週間に一度は会っていたというから、文学の発酵することも早かったにちがいない。

横光はあまりに時代に深入りし過ぎて戦後を迎えた。戦後、横光は立ち直らずに死んだ。川端康成の「弔辞」は短文ながら、隔絶したすぐれた文章である。

同時に小林秀雄は『モオツァルト』一篇を構想して戦後に臨んだ。吉田満の『戦艦大和ノ最期』を「正直な文章だ」と激賞したという。彼は『創元』を自分の『モオツァルト』と『戦艦大和ノ最期』で飾るつもりだったらしい。占領軍の検閲で発禁になったが、歴史とはつねにこうした廻り道をするものらしい。

言葉の極限

果てまで来た。私は少しも悲しまぬ。あばよ、私は別れる。別れを告げる人は、確かにゐる。

（アルチュル・ランボオ『地獄の季節』小林秀雄訳、白水社、一九三〇年）

詩人的資質と批評家的資質がせめぎ合っているといわれた小林秀雄の文体は、このアルチュール・ランボオの翻訳によって極点にまできた。それは近代日本語の極点でもあったが、『改造』の懸賞論文で、昭和四年、宮本顕治の『敗北の文学』に破れて、二等当選となった「さまざまなる意匠」は一年前、昭和五年（私の生れた歳だ）の段階では、小林秀雄はその周辺で十分に神話化されていたのだろう。また、アルチュール・ランボオとは絶好の対象を見出したものだ。

やがて「詩を捨てて砂漠に消えた」ランボオの神話と、中原中也・長谷川泰子との三人の痴情生活の神話化は、重なり合って、小林秀雄の世界は神話化された。小林秀雄という存在は、戦前・戦後を通して、後世代の青年たちにとって、震えのとまらない対象であり、一度は通過すべき偶像であった。

隆慶一郎といった仏文学徒は、創元社版の小林秀雄全集を編集しておきながら、その小林秀雄の生きている間は小説が書けなかったという。小林秀雄はコワイ存在であった。昭和の文学史は小林秀雄・富永太郎・河上徹太郎といった都会秀才によって形成されたが、伊藤整や井上靖といった東京以外で育った文学青年たちは、徹底的にシゴカレテ文壇デビューがおくれてしまった。この東京対地方の対立は、昭和文学史の隠された側面といってよいだろう。

小林秀雄の世界は功罪共に論じられようが、昭和の初期に、近代日本語の文体が完成したという意味で、日本語の感性の極限が小林スクールにあることは、今日でも認められなければなるまい。

どうも戦後日本は、日本語の文章として考えるとき、昭和初期に劣ってしまったかもしれない。

川端さんとの出会い

国境の長いトンネルを抜けると雪国であった。

（川端康成『雪国』創元社、一九三七年）

冒頭の一句だけは誰しも覚えている書き出しだ。作者川端康成はこの書き出しにどれだけ時間を費したことだろう。案外最初からスラスラと書いたのかもしれないが、私には何枚も書き換えたように思える。スラスラいったのは書き出しが決ってからであろう。

『伊豆の踊子』と『雪国』が戦前の代表作だとすれば、戦後は『千羽鶴』と『山の音』の二作が代表作であった。私は『山の音』が好きだが、横光利一への弔辞も絶品である。日本人と日本国家をみごとに受け止め、「時勢とつき合い過ぎた」横光は死んだが、川端は敗戦を越えて生き残った。

ただ、私自身川端さんから怒られたことがある。「もう題も決っている。『東山』というのだが」と話しかけて、川端さんは「大体君らはこないじゃないか」と憤懣を洩らされて黙ってしまった。おそらく原勝郎の『東山時代における一縉紳《しんしん》の生活』を読んでおられたのだろう。中央公論社は荷風・谷崎に夢中で、大勢は第一次戦後派に傾いていた。私は論壇担当ということで、口を挟みにくい立場にあった。だから藤田圭雄《たまお》さんに連れられて一度万平ホテルの傍の別荘に伺ったことがあるだけで、話を伺ったことはなかった。そしてその時、藤田圭雄さんも何の弁明もされなかった。当時は川端さんは「女性編集者でなければ書かない」という悪質なデマが飛んでいた。

昭和文学史ないし精神史は、三木清と小林秀雄、横光利一と川端康成で書けるかもしれない、と考えていた時期がある。論壇も文壇も曖昧で難しいものである。関係者の数だけ可能だろう。臼井吉見、古田晁は中野重治が好きで、私が首を傾げると不思議な顔をされたことがある。書き手も編集者も難しいものだ。出会いの偶然に左右されるからだ。

川端康成の弔辞

横光君

ここに君とも、まことに君とも、生と死とに別れる時に遭った。君を敬慕し哀惜する人々は、君のなきがらを前にして、僕に長生きせよと言う。これも君が情愛の声と僕の骨に沁みる。国破れてこのかた一入木枯にさらされる僕の骨は、君という支えさえ奪われて、寒天に砕けるようである。

君の骨もまた国破れて砕けたものである。このたびの戦争が、ことに敗亡がいかに君の心身を痛め傷つけたか。僕らは無言のうちに新たな同情を通わせ合い、再び行路を見まもり合っていたが、君は東方の象徴の星のように卒に光焔を発して落ちた。君は日本人として剛直であり、素樸であり、誠実であったからだ。君は正立し、予言し、信仰しようとしたからだ。（略）

（川端康成「横光利一弔辞」）

この川端康成の弔辞ほど、みごとな文章はない。亡友を想い、敗亡の祖国を正視するその眼に濁りはない。昭和の文学は横光・川端の新感覚派運動として始まった。横光を失った戦後の川端は、社会の風俗より、日本古来の伝統を凝視しつづけ「美しい日本のなかの私」を信じようとした。

「千羽鶴」「山の音」「古都」、そして「東山」（実際には実現しなかった）といった世界は、そうした川端の志向を物語っている。しかし、その川端もノーベル文学賞を受けながら、力つきたように七十二歳で自殺した。おそらく、この世のわずらわしさと虚無感を越える力がなかったのだろう。

日本人は信仰心や倫理感よりも、美意識を好むし、日本の伝統も美意識を中心とした志向や造型が多い。川端のような文人を現代日本が所有できたことを、現代人はもっと深く考える必要がある。ドナルド・キーンも「果てしなく美しい日本」と表現したが、川端の沈黙と凝視は、軽く騒々しい二十一世紀のなかで、ますます貴重な存在感を増すことだろう。

転向小説

二人のポルトガル人がイギリス公使館の通訳・アーネスト・サトーに案内されて、横浜弁天町の旅宿芝屋初五郎の店さきにやってきた。

（林房雄『青年』中央公論社、一九三四年）

林房雄の有名な『青年』の冒頭である。三島由紀夫が推し、扇谷正造が論壇時評に起用し、中央公論の利根川裕が使って『大東亜戦争肯定論』が生まれた。『青年』は昭和九年中央公論社刊だが、考えてみると、島木健作の『生活の探求』が昭和十二年、そして石坂洋次郎の『若い人』も昭和十二年。共にその年のベストセラーだった。二作は傾向もちがい、島木のものがモラリスト文学であり、石坂洋次郎のものは、エロスの文学だが、考えてみるとどちらも転向小説なのである。『転向』は思想の科学研究会から出され、転向は「権力による〝思想〟の強制」と定義されているが、どうも転向の拡大解釈になっていった気がする。

『若い人』は小学校の高学年のときに、母の書棚からこっそりと引き出して読んだ。冒頭は女学生江波恵子のピアノ演奏が印象に残った。後年は同僚の橋本先生と男子教員の「私」が主役だったと思うが、二人は検挙されて下獄する。その後二人は結婚するのだが、いままで気づかなかったが転向小説である。島木健作の『生活の探求』は終戦直後、古本屋で見つけて読んだ。主人公が農村の地道な共同生活の中に自分の〝生活〟を工夫してゆく姿勢が似つかわしかった。

昭和初頭の田中義一内閣は大学・高専の学生三千人を検挙して話題になった。昭和天皇が田中首相（長州閥）をきびしく問い詰めて田中はそのショックで急死する。

当時は文学的発酵に五年から一〇年かかった。その間に満洲事変、満洲国建国、支那事変（昭和十二年）と現地（関東軍）軍部がどんどん、エスカレートしてゆくわけだが、政党の要人が、五・一五、二・二六とあれほど殺されながら、当時の政党に同情した論調は少なかった。政党争いが公共のためではなく、私闘に見えていたのである。

〝転向〟を超える

自分達の傍を離れて、異なつた環境のなかに、いつの間にか大人になつてしまつたやうな息子に対する、愛情とは相反したものではない、遠慮や気兼ねのやうなものがあるのだつた。

（島木健作『生活の探求』河出書房、一九三七年）

島木健作は戦後早く亡くなった。そのため多くの人々は、その存在も作品も知らないだろう。ただ私などは戦争直後の中学校教科書で、島木健作の「赤蛙」という小品が掲載されていたことを鮮明に覚えている。島木健作は昭和十二年に書かれた『生活の探求』が、石坂洋次郎の『若い人』と共にベストセラーになった、時の人であった。いまにして考えると、両方とも転向小説だったのだが、『若い人』が男女間の機微を描いたエロスの文学だったのに対し、『生活の探求』は青年の生活の在り方を模索した、エトスの文学だった。

島木健作は、國木田独歩と並んで、卓越したモラリストであったように思う。戦後は、多くの作家が戦争中にモラルを説いたために、モラルそのものが否定され、モラルを越えた耽美派の荷風、谷崎が時代の寵児になった感があったが、本来、エトスの文学が主流を成していたことは、日本でも欧米でも同様であった。

「国のために」私を犠牲にすることは、本来、まちがったことではない。ただ、その国家が排他的なショービニズム、ファナティシズムに支配されていたことが問題なのである。昭和の歴史は「国家と社会の関係」が大きく揺らいだ歴史であり、社会問題、社会正義、労働者や農民、あるいは女性の社会的在り方が歪められていたため、社会正義＝社会主義を求めて多くの青年学徒が左傾した。満洲事変以降の右傾は、その反動化の意味をもっている。

『生活の探求』は、観念の過剰を戒め、生活に即した知識や知慧の在り方を模索した人生の書であった。今日の季節も新しい「生活の探求」が出てもよいころである。

「転向」という言葉は、〝権力による思想の強制〟と定義されているが、すぐれた存在や作品は、その自発性、内面性において〝転向〟を超えているのである。

太宰治の世界

或るとしの春、私は、生れてはじめて本州北端、津軽半島を凡《およ》そ三週間ほどかかって一周したのであるが、それは、私の三十幾年の生涯に於いて、かなり重要な事件の一つであった。

（太宰治『津軽』新潮文庫、一九五一年）

太宰の文章は、戦後の情死事件前後とちがって、かなり穏やかであり、多様である。もちろん、破滅型の徴候は随所に現われているが「右大臣実朝」にしても、「ヴィヨンの妻」にしても、太宰の豊かな資質を想像させるのに十分である。太宰や坂口安吾は戦後派の印象が強いが、じつは戦前・戦中に自分の文学世界を確立した実力派だった。だから、戦後の活躍は時代が彼らを呼び寄せたといえるかもしれない。二人とも睡眠薬の常習犯だったが、どちらも道化ともなって時代を笑い飛ばす度胸も実力も備えていた。

この『津軽』も独自の紀行文だが、自己を語り、故里の風景を描き出して絶妙である。故里という土地柄を自覚することは、同時に時間軸としての歴史に興味をもつことであり、太宰の場合、「右大臣実朝」であったことも、きわめて似つかわしい。実朝自体、滅びゆく宿命を生きた存在だったからである。

安吾が戦時中に『日本文化私観』や『桜の森の満開の下』といった絶品を完成させているのとも好対称を成している。安吾も太宰もすでに戦時下に自分の文学を完成していたのである。

志賀直哉にたてついた「如是我聞」なども、既成文壇への痛烈な批判であると同時に甘えの逆説的表現でもあったろう。また最後まで太宰の面倒を見た井伏鱒二の存在を考えると志賀直哉と井伏鱒二の風貌が見えてきて面白い。どちらも「らしい」面構えであり、またその対応の仕方に覚悟があったように思われる。志賀直哉のような強固な文学世界をもつ者にとって、後身の太宰の嚙みつきようは、不問に附して当然であるが、同時に井伏鱒二のように、最後まで面倒を見つづけることも文士としての愛情表現であろう。井伏鱒二の文学的評価が晩年高まったのも、こうした陰徳の積み重ねと無縁ではあるまい。

日本浪曼派の力

畿内でも大和河内あたりの、眼のとどく限り耕された土地ばかり、眼を遮ぎる木立や林さへない風景、その中の美しい白壁と、農家の特殊な切妻形の藁葺屋根に瓦葺の飾りをつけた家々も、他で見られぬ日本の田舎といつた感じで、まことに古畿内の古い文化のやうに美しい眺めである。さういふ風土に私は少年の日の思ひ出とともに、ときめくやうな日本の血統を感じた。

（保田與重郎『改版　日本の橋』東京堂、一九三九年）

日本浪曼派は、一度、戦後、徹底的に叩かれ、メディアの表層から消えた。その不自然さを問題にした橋川文三の『日本浪曼派批判序説』は早くから政治思想史上の名著であった。丸山スクールというレッテルに「私は超近代、丸山さんは近代を問題にしていて、出発点がまるでちがう」とは橋川さんから直かに聞いた呟きであった。

たしかに、橋川さんは乃木希典を問題にするときから、非合理な感受性に対して、異常に敏感であった。これは、丸山さんだけでなく、司馬遼太郎氏も含めて、合理的な近代に反応する人々とはちがっていた。そのリトマス試験紙が、西郷隆盛と乃木希典である。

はるか若い世代の文学青年も「戦後民主主義や戦後教育は、人間の高貴さを教えてくれなかった」と告白している。日本浪曼派のなかの暴論——戦争賛美はともかく、その感受性を無視して伝統は甦らない。小林秀雄も、川端康成も、その微妙な領域を巧みに生き抜いた達人である。モーリス・パンゲさんの『自死の日本史』も含めて、日本人の死への在り方を批判的に凝視しなければ、今日の右傾化傾向にも対抗できないだろう。

われわれは潔く、美と崇嵩に生きなければならない。「欲情の作法」だけでは不十分なのである。

明治に始まった口語体文章は昭和初頭に完成した。

明治年間、島崎藤村や北村透谷、三遊亭円朝に始まった口語体文章は昭和初頭に完成したという。その文章がどこに載っていたかどうしても思い出せないが、面白い見方だと思う。

昭和初年といえば、『侏儒の言葉』の芥川龍之介、『藤十郎の恋』『忠直卿行状記』の菊池寛、そして『路傍の石』『真実一路』そして『心に太陽を持て』の山本有三、そして『女給』『神経病時代』の広津和郎があげられるかもしれない。

たしかに、風俗への新しい感覚と内容の面白さ、分析が一体となって、口語体の文章は自由自在に人間と世界を活写した。菊池寛に育てられた横光利一、川端康成もそうした視点からも眺められる。横光は『春は馬車に乗って』『機械』、川端は『伊豆の踊子』『雪国』。また『人生劇場』の尾崎士郎、『土と兵隊』の火野葦平、『放浪記』の林芙美子などもはいってよいかもしれない。

第一回の芥川賞の石川達三の『結婚の生態』、丹波文雄の『闘魚』なども読ませる。戦後映画化がもっとも多かった石坂洋次郎の『若い人』、島木健作の『生活の探求』も転向小説でありながら、読ませる技術も高い。火野葦平も転向者であることを今回初めて知った。また「翻訳工場」を称えた大宅壮一の『千夜一夜』など戦後の活躍を暗示させるものをもっている。太宰治や坂口安吾もこうした流れの中に入れてよいかもしれない。

扇谷正造の『週刊朝日』によって週刊誌時代がつくられるが、週刊誌時代のヒーローたちは、井上靖、松本清張、司馬遼太郎の三人をまつべきかもしれない。この三人によって、日刊誌、週刊誌、月刊誌と全メディアを踏破する全能作家が生まれたのである。また、『話の泉』の常連たちは文章と同時にラジオで視聴者となじんでいた。テレビ時代の作者たちもこのころから準備されていたのである。ラジオ、テレビ、インターネットの活用術はもっと研究されるべきだろう。相撲、柔道、野球、サッカー、オリンピックと世界は廻り始めたが、これが平和というものだろうか。

敗兵の眼

目指す朝焼の空には、あれほど様々の角度から、レイテの敗兵の末期《まつご》の眼に眺められた、中央山脈の死火山の群が、駱駝の瘤のような輪郭を描いていた。

（大岡昇平『野火・ハムレット日記』岩波文庫、一九八八年）

戦後文学の傑作をあげる場合、大岡昇平の『野火』を第一にあげるのは定説になっている。

このことは今日でも変らない。敗戦で逃げまどう敗兵としての日本兵の姿をじつに適切に描き出した作者の腕前を超える者はない。大岡昇平の文学は視覚的文学であり地理的文学であり、その独特な鋭い感覚は広く明治以来の文学の中でも他にない。

この孤独な逃避行は野火という現象に、戦争と神と偶然を見据える微妙で独特の世界だが、不思議に思索的な深味を与えている。無残な逃避行という極限状況が生み出した稀な体験記だが、体験を基に小説として描き上げた作者の腕前に敬服する他はない。もっとも、作者はこの極限状況に叩きこまれる前、日本で平常な市民生活を送っていたのであり、中年になってからの応召であったとはいえ、まだ体力的に余力を残していたのだろう。戦争体験が病死になるような老兵でなかったことが幸いだったといえるかもしれない。大岡昇平は戦後を描いた『武蔵野夫人』や『花影』があり、これも絶品だがまた『堺港攘夷始末』のような歴史物もある。しかし、最終的に、『レイテ戦記』という克明なノンフィクションに還ったことは、敗兵としての記憶が大岡昇平にとって原点ともいえる位置を占めていたのであろう。

戦前の大岡昇平は周囲に小林秀雄や河上徹太郎、富永太郎など、豊かな文学的交遊に恵まれていたが、それが却って抑圧となり、翻訳などに逃避していたが、フィリピンでの経験で一挙に才能が開花した面白い事例といってよい。

第一次戦後派の意味

二十世紀の悲劇は事故としてしか起らない。

（大岡昇平『野火・ハムレット日記』岩波文庫、一九八八年）

第一次戦後派とは、大岡昇平、武田泰淳、野間宏、椎名麟三など、単に戦争直後の作家たちという意味だけでなく、戦争と戦後の間にあって、スケールの大きい構想力と重い主題をもった作家たちを指した。

〝第三の新人〟という呼称は、第一次戦後派に対して、マイナーな世界に固執したスケールの小ささを皮肉ったネーミングであった。この〝第三の新人〟たち、安岡章太郎、吉行淳之介、遠藤周作、庄野潤三なども、石原慎太郎の『太陽の季節』によって意表を衝かれる。風俗に流れる文壇ジャーナリズムの軽薄さであったが、今日、振り返ると、第一次戦後派も〝第三の新人〟グループも、むしろ新鮮で独自の世界をもっている。

大岡昇平は、『俘虜記』『野火』といった極限状況を描いた作品の圧倒的な強さでつねに第一に挙げられる存在であった。『武蔵野夫人』『花影』といった女性を主人公とした作品でも、単なる風俗小説を越えた描写と奥行きをもっていた。鷗外を意識した歴史小説でも新境地を拓いている。武田泰淳の重厚さと共に、井上・松本・司馬といった大型のエンタテイナーともちがう、硬質な文学的主張をもっている。今日からの再評価が求められる。

引用した言葉も、大岡流の洞察と華麗さをもち、二十世紀の特色を巧みに衝いている。産業革命と大衆社会以後の、人間の不自由さを語って余すところがない。

第一次戦後派の文学は、〝戦後民主主義〟よりもはるかに強い生命力をもっている。一九八〇年代以降、村上春樹、吉本ばななど、新しい感受性の激変が起ったいま、もう一度その意味を問うてみると面白い結果を生むことだろう。

中島敦という存在

漢の武帝の天漢二年秋九月、騎都尉・李陵は歩卒五千を率い、辺塞遮虜鄣を発して北へ向った。

（中島敦『山月記・李陵　他九篇』岩波文庫、一九九四年）

名作『李陵』は、昭和十八年の『文學界』に掲載された。作者・中島敦は前年の昭和十七年に既に亡くなっていた。少数の友人にしか知られていなかった、中島敦という存在、またその作品が、『文學界』編集の周辺に伝わり、その令名が文壇に伝わったことは幸福であったといえるかもしれない。

昭和十七、十八年といえば、すでに日米戦争――日本の呼称でいえば大東亜戦争は勃発していた。戦争自体の当否を含めて、報道・批判の自由は極端に狭《せば》められていたが、同時に中島敦の作品が掲載される自由は、まだ文壇に残っていたのである。このことは日本人の精神を考える上で誇るべきことであり、同時に、戦時下の世相をあまり戦争一色で考えることもまちがっている――というすぐれた例証といえる。日本のジャーナリズムが極端にファナティクになるのは戦争末期、昭和十九年のころであったと判断するのが穏当と考えられる。

それと同時に、武田泰淳の処女作『司馬遷――史記の世界』が刊行されたのも、昭和十八年だった。武田泰淳は生涯、処女作『司馬遷』を超えられなかった、とは文壇雀の陰口であったが、今日になって考えると、日本人の精神史を考える上で、大東亜戦争の戦時下に、日本の青年学徒の中の、漢学の素養がもっとも高度に洗練された人々の中には、中国古典の精髄を題材とした、自由な批評や創作を書く能力が存在していたという事実である。司馬遷は李陵を擁護して武帝に宮刑に処せられた存在であり、そのことが彼をして『史記』を書かしめたことを考えると、中島敦と武田泰淳という二人の青年を、並べて考えてみることは新しい展望を拓くのではないか。

司馬遷との対峙

司馬遷は生き恥さらした男である。士人として普通なら生きながらえる筈のない場合に、この男は生き残った。口惜しい、残念至極、情けなや、進退谷《きわ》まった、と知りながら、おめおめと生きていた。

（武田泰淳『司馬遷——史記の世界』東洋思想叢書、日本評論社、一九四三年）

この有名な書き出しは武田泰淳を知る者はすべて暗記していた文章である。そして泰淳自身も、この文章を越える作品を書けなかった、とは一般的評価である。また某氏が指摘したように、戦時下の初版本には戦争讃美、戦争協力の文言があり、戦後、その文言が削除されたことも事実であろう。

しかし、昭和十七年、戦争が苛烈になってゆく最中、司馬遷と面と向って相対し、「考証や研究ではなく、自らの精神を試してみたい」と考えた青年がいたことはまぎれもない。中島敦の「李陵」もたしか昭和十七年に『文學界』に発表されている。司馬遷は李陵将軍をかばって宮刑に処せられた。司馬遷と李陵は『史記』を介して表裏を成す。日本軍が誇大妄想に駆られて、大陸で絶望的行動を繰り返していた時期に、中国文明の根幹にある『史記』の世界と相対していた二人の青年が存在したことは、日本人はもっと考えてみる必要があるし、中国人に対しても誇ってよい事柄であると思う。

武田泰淳は「ひかりごけ」「風媒花」の作家として印象づけられ、やがて「貴族の階段」、「森と湖のまつり」で政治の中枢や少数民族アイヌの悲劇を活劇調で描いたが、やはり「史記の世界」に及ばない。

しかし、武田泰淳は作品より存在の方が偉大であったように思う。戦時中に傷つかなかった左翼の人々も、戦後史のイデオロギー闘争のなかで、多くの人々が傷ついていった。旧友竹内好もまた魯迅の延長上に、毛沢東を理想化しすぎたために、歴史に裏切られる後半生を送った。丸山眞男も沈黙した。武田泰淳はこうした旧友たちより、自由で快活に生きたのである。第一次戦後派の雄として、大岡昇平と共に記憶されてよい。

文芸評論の位置

私は「史記」を個別的な考証の対象としたり、古代史研究の資料として置きたくはなかった。史記的世界を眼前に据え、その世界のざわめきで、私の精神を試みたかったのである。（中略）**歴史論とも、思想論ともつかぬ、文芸評論風の風の字つきのものであるが、無力者故いたしかたない。**

（武田泰淳『司馬遷——史記の世界』東洋思想叢書、日本評論社、一九四三年）

第一次戦後派の武田泰淳が、「史記」に対して、こう言い切ったことは大した度胸である。いまでも、個別的考証や古代史研究は山のように生産されている。敢えてそうした仕事を止めて、古典に向って〝文芸評論〟風の文章を書き、自分の精神を〝試めし〟てみたのである。

これで武田泰淳は小林秀雄風の文芸評論の流れの中に自分を置いた。それは批評家として文学の世界に生きることの覚悟を宣言したことになる。単なる学問研究でない、批評の世界に生きることを決意したのである。それは、人類の古典とぶつかって自らの矮小化を思い知らされ、そこで切歯扼腕、七転八倒する姿を率直にさらけだすのである。

文章はどんな場合でも、単なる研究として客観的なものにはならない。その行間から、あるいは余白から多くの言葉を語りかける。

その総体が人間の精神であり、思想なのである。武田泰淳は同時代の京都学派の〝世界史的立場〟を横目で見ながら皮肉っている。現代人が古典の前に立ったとき、いかに軽いものであるか。人類の古典が語る〝歴史意識〟の奥の深さを身を以て実感したのであろう。

こうした態度を見据えるとき、われわれは大学での学問研究、外国研究がいかに〝精神の格闘〟を置きざりにしているかを思い知らされる。外国研究が往々にして知識の多寡の競争に陥っていることは日常接することである。文章とは知識で書くものなのか。文章の情感、レトリックが改めて問われる。文章とは主観・客観、主体と客体、主体同士の複雑微妙な関係の投影である。人間精神の緊張と昂揚、リズムと流れは驚きと偶然から生まれる。それは個人の営みを超える、この世の不可思議そのもののなのだろう。

第一次戦後派の豊饒さ

そのとき準次は、突然一筋の光明を見つけたように立止った。彼の眼の前には、中之島の府立図書館の木の看板がぶら下っていたからである。本がある、と準次は考えた。本には何でも書いてあり、だからその本が、この場合どうすればいいか教えてくれるはずではないか。

（椎名麟三『神の道化師』講談社文芸文庫、二〇〇五年）

椎名麟三は臼井吉見に見出された戦後文学の正当派。神戸生れ、職を転々と変えながら底辺の生活に耐え、鉄道の労働組合に入り、共産党に入党するが、やがて転向、さらにキリスト教に入信することで二度の転向を経験している。絶望のなかに笑いが、笑いを介して自由があることを、具体的に、詳細に描いた。「深夜の酒宴」「永遠なる序章」「美しい女」などいずれも独特な世界を描き出している。

おそらく、第一次戦後派の中で、野間宏とはちがった前衛感覚を全身で受け止めた存在として、これからも椎名麟三の名が消えることはないだろう。

どん底の世界にぶつかることで、絶望があるとき、笑いに変る。その笑いが偶然、多様な自由への道を啓示する。この不思議さを実感を以て捉えている点で、椎名文学は独自の世界である。大岡昇平のような輝きはないが確乎たる生活実感の裏打ちがある。武田泰淳のような壮大さはないが、生活の裏打ちがある。野間宏のような多様なひらめきと粘りはないが、生活の構造を摑んだ強味があるといえよう。椎名麟三のような文学が戦後文学の伝統として、今後に生かされることが、〝文学〟をも〝労働〟をも豊かにしてゆくことだろう。

戦後六〇年というものの、日本人は第一次戦後派の豊饒さすら継承していない。文学の流れそのものが途絶えがちで、エンターテイメントの気楽さだけがすべての表現に瀰漫《びまん》している。もっと問題の所在に正面から向き合うことだ。

批評に哲学を

「メタフィジック批評の旗の下に」

（三角帽子）

この『文學界』に連載された匿名批評は昭和二十年代の終わりを飾った華やかな文章であった。

三角帽子とは、のちに服部達、遠藤周作、村松剛の三人であることが解ったが、やはり服部達が主唱し、全体の気分と調子をつくりあげていったのであろう。歯切れのよい、批評という行為に哲学（形而上学）再興の必要を強調した文章であった。それは凡庸な左翼批判ともなっていて挑戦的挑発的な文章でもあった。面白い論争が捲きおこることを期待されたが、ナント、服部達の失踪死で挫折してしまった。

のち、遠藤周作や村松剛は、それぞれ、カトリック作家として、A・マルローに倣った右派の行動的批評家として活動を展開していった。ただ、この段階では、服部達はあまりに大上段に構え過ぎ、経験と思想の未熟さが一種の絶句状態を引きおこしてしまったように思われる。

しかし、無頼派や第一次戦後派が、いずれも骨太で、構想力の雄大さをもっていただけに、〝第三の新人〟がマイナーな存在として印象づけられてしまったことは、服部達の挫折が大きく関係しているように思われる。

服部達の「われらにとって美は存在するか」の問いは、吉本隆明に引き継がれたのかもしれない。戦中派世代を再考察してみる必要があるだろう。

万能作家の誕生

ただこの遣唐使派遣の最も重要な意味をなす留学生、留学僧の銓衡だけは、年内には決まらないで翌年に持ち越された。もともと時の政府が莫大な費用をかけ、多くの人命の危険をも顧みず、遣唐使を派遣するということの目的は、主として宗教的、文化的なものであって、政治的意図というものは、若しあったとしても問題にするに足らない微少なものであった。

(井上靖『天平の甍』中央公論社、一九五七年)

井上靖が『闘牛』で芥川賞を受賞したのが、昭和二十四年。『猟銃』『氷壁』などで圧倒的な人気を博し、文芸誌、週刊誌、新聞連載、すべてのメディアで人気作家となっていった。

その井上靖が『中央公論』誌上に『天平の甍』を連載し始めたとき、多くの読者は、作者の新境地開拓の意気込みを感じたものである。『敦煌』『楼蘭』等、詩情溢れる西域物への出発点を成す作品でもある。安藤更生の『鑑真』の世界を全面的に吸収したもので、歴史小説の新しいジャンルの形成でもあった。

井上靖の出現はそれに続く松本清張、司馬遼太郎と共に、新しい型の万能作家の誕生でもあった。それは旧文壇人の抵抗に会いながら週刊誌時代、テレビ時代というメディアの重視と併せて、文学と文壇の構造を変えていったともいえる。

文学もまたエンターテイメントとして面白く、楽しくなければならないことを、社会全体も認め出していったのである。

軽薄と壮重

ある時から、私は軽薄なことしか語るまい、と決心した。

（吉行淳之介）

この言葉だけでは真意は摑みにくい。しかし、学生反乱の季節（一九七〇年前後）が終り、連合赤軍、浅間山荘事件、赤軍リンチ事件と異常な事件を眼前にして、世相は白々しい空しさが全体を蔽った。そのころ、新世代の矢崎泰久などが『話の特集』という雑誌をつくった。それを全面的に支援した吉行淳之介が吐いた言葉である。

大仰なイデオロギーに基づく大言壮語が続いたあとで、結末があまりに無残だった状況のなかで、吉行の言葉は妙な迫力をもった。吉行淳之介は安岡章太郎と共に、〝第三の新人〟の中でも、もっともトリビアルな事実に拘わって生きた。安岡章太郎の「陰気な愉しみ」「悪い仲間」は傑作であるが、吉行淳之介の「原色の街」「娼婦の部屋」など、赤線地帯を描いた初期短篇も腰を据えて凝視する者のみが獲得した極微の世界である。

吉行淳之介が「軽薄なことしか語るまい」と決心したことは、大仰な態度に対する反語的精神として、当時の状況のなかで輝きを増した。やがて、その〝第三の新人〟も年長世代となり、〝文壇〟を統治する立場となったが、吉行淳之介の態度はもっとも淡白で虚飾がなく私がなかった。三島由紀夫やいいだももの派手なジェスチャーに、もっとも反撥したのが吉行であった。

文学的精神とはこうした心の持ち方を指している。あるとき、小出版社の編集者が数人やってきて、在り金七千円を並べて銀座で呑ましてもらえないかと頭を下げた。「よし」と受け負った吉行は、銀座のバーを一軒一軒、尋ね歩き、マダムを呼び出して交渉した。その中でSという店のマダムだけが、「いいわよ」と胸を叩いた。マダム七千円、吉行七千円を足して三方一両損で、編集者たちは望みを達することができた。これは私が吉行さんから聞いた直話である。

〝第三の新人〟の世界

ノレンをくぐって格子戸《こうしど》を開けるとき、大罪を犯しているような気がした。——自分はもう、これで清廉潔白の身分ではなくなる。堕落学生の刻印を額の上に押されるのだ。

（安岡章太郎『質屋の女房』新潮文庫、一九六六年）

安岡章太郎は、吉行淳之介と共に、〝第三の新人〟グループの典型的なひとりであろう。〝第一次戦後派〟が、いずれも壮大な文学を志していたのに対して、〝第三の新人〟たちはいずれも身近なもの、些細なものに拘わりつづけた。最初、第二ではなく第三と呼んだネイミングの意味がわからなかったが、次第に噛みしめていると、そのネイミングの巧みさにホトホト感心した。

安岡章太郎の場合、「陰気な愉しみ」「悪い仲間」が代表作だが、落第坊主やワルサをする仲間の快感とは、ひとにはいえない愉しさがあるものだ。その真実、実感は、まともな議論からはスルリと抜け落ちてしまう。第一次戦後派があまりにまともに壮大なので、そのあとに出発した世代は、〝第三の新人〟のようなポーズをとらなければ、自らを語り出す手法を見つけられなかったろう。

吉行淳之介の場合も、「原色の街」「娼婦の部屋」は安岡の世界と対をなす巧みさであり、独自の世界を構築している。文学的真実がこうした裏返しの側面にあることを主張したことは、安岡や吉行自身の歩みの難しさにもなった。安岡は「僕の昭和史」「私説聊斎志異」といった世界に自らの進路を模索し、吉行は「砂の上の植物群」「暗室」といった世界に自らの世界を見出した。これらは第一次戦後派の生き方以上に難しい。

ともかく戦後文学は、〝第三の新人〟以後、文学グループを形成できなくなってしまった。残ったものは、全体の〝エンタメ〟化であり、文学概念の崩壊である。その意味は限りなく大きい。つまらない政治議論よりこちらの方がはるかに大切なのだが気付いている存在は少ない。

母性型キリスト像の成立

私は私で小説家になる前から、あの大学の神父たちに会うのを避けるようになってしまった。自分はもう教会に行っていないことを彼らに知られるのが嫌だったからである。

（遠藤周作『死海のほとり』新潮社、一九七三年）

〝第三の新人〟といっても、遠藤周作や阿川弘之の作風は安岡や吉行とはかなりちがう。遠藤の場合はカトリック教会との関係で、人間を問い続けた。『白い人』『黄色い人』に始まる彼の宗教的問いは、この『死海のほとり』で完結する。その意味で『死海のほとり』は完結度の高い作品になっている。

遠藤周作は、貨物船でヨーロッパまで出かけた、戦後留学の第一世代である。敗戦で在来の日本の多神教が徹底的に排斥され、キリスト教という一神教がもっとも輝いたころである。共産党員と牧師を兼ねた赤岩栄という『赤い牧師』で新聞を賑わせた季節であった。近代日本での主流であったプロテスタンティズムではなく、岩下壮一を中心とする近代日本のカトリシズムは、戦国時代、日本にやってきた、ザビエルにまで遡る。

遠藤周作はこの宗教問題をもっとも時間をかけて本格的に問い詰めた最初の日本人だったといえるかもしれない。『沈黙』や『海と毒薬』といった歴史的事例を作品化しながら、日本的信仰の特性として、母性型のキリスト像の造型に至る。これは現人神、天皇主権の近代日本では、難しい問いであった。遠藤周作もまた、安岡章太郎や北杜夫（どくとるマンボウ）と調子をあわせて、狐狸庵先生を演じはじめるが、彼の場合、カトリシズムの問題があまり大きすぎて、狐狸庵先生は他の人々の演技のように肉体化しなかったが、遠藤周作の文学世界の独創性と特異性は改めて評価さるべきだろう。ヨーロッパでも新しく脚光を浴びるかもしれない。

戦争文学と歴史認識

戦局は日本に有利な状況ではない。しかし米国にとっても必ずしも有利な状況ではあるまい。アメリカの学生たちも、あるいはシェイクスピアやホイットマンの研究をなげうって、戦列に伍して来ているであろう。これからの戦いは、ある意味で彼らとわれわれとの戦であるかもしれない。

（阿川弘之『雲の墓標』新潮社、一九五六年）

阿川弘之は志賀直哉の正統な弟子であり、戦後、もっとも早く戦争文学を端正な筆致で書いて読者を感動させた。「春の城」「雲の墓標」は初期の傑作で、予備学生として海軍に入った経験を生かして、反戦でも反軍でもなく、戦時下の学生たちの微妙な心理をみごとに描き出した。「雲の墓標」は「雲流るる果てに」と表題を変え、鶴田浩二主演で特攻隊で出撃した青年たちの姿を描いたため、ながく多くの人々の記憶に残った。

阿川弘之は、そのあと「山本五十六」や「暗い波濤」(井上成美＝終戦時の海軍兵学校長、敗戦を予感して、学生に英語を学ばせた)を書いて、海軍擁護論の趣きを呈していったが、米内光政、山本五十六、井上成美を中心とした海軍像は、阿川の筆致の巧みさによっているところが多かったといえるかもしれない。加藤友三郎亡きあと、ワシントン体制の抑制をはずした艦隊派(加藤寛二)を抱えた海軍もまた、責任を共有しなければなるまい。

そもそも、太平洋を舞台とした戦争を支那事変を拡大していった関東軍が陸軍主導で始めたことにこの戦争の拙劣さがあったろう。天皇主権の憲法をもち、統帥権という厄介な軍部の権限に振り廻された日本の政界(議会)に何が出来たのだろう。二・二六事件と敗戦の決断の二度しか、天皇もまた欽定憲法の枠を越えて本音を実践しなかった悲劇も、もっと冷静に議論すべきだろう。第二次大戦もまた十分な分析対象となっていない。歴史認識は不断に更新されなければならないのである。

人生の場面転換

このうちに相違ないが、どこからはいっていいか勝手口がなかった。往来が狭いし、たえず人通りがあってそのたびに見とがめられているような急《せ》いた気がするし、しょうがない、切餅のみかげ石二枚分うちへひっこんでいる玄関に立った。

（幸田文『流れる』新潮文庫、一九五七年）

戦後文学の中で、女流文学の世界でもっとも際立ったのは、幸田文の出現であろう。野上弥生子、宇野千代、円地文子など、それぞれに個性的だったし、林芙美子、平林たい子、宮本百合子など、よい仕事をしていたのだが、幸田文のように『流れる』一作で彗星のような出方をした存在はない。幸田露伴が癖の強い存在だっただけに、幸田文の存在は家庭教育の大きさと面白さを世に思い起させた点でも珍らしい。幸田文の文章はその佇いのひとつひとつに、メリハリの利いた動きが巧みに表現されていて、立居振舞いの見事さ、面白さを思い起させる。日常性を省みる契機になったといえるかもしれない。

もうひとつは、いったん嫁にいった清酒問屋を娘一人を抱えて離婚し、本来なら不幸のどん底にあった身で、花柳界の仲居を志望してそこに棲みつくという思い切った変身と冒険を試みることだ。自分で人生の場面転換をはかったことであろう。その間の意識にまったく嘘も虚飾もない。暮しの問題、経済の問題もあったろうが、その点もまったく動じた気配がない。この気力こそが、自らをイキイキとさせ、世界の風景を新しくさせる。それまで花柳小説といわれたものとはまったく別種の角度から花柳界を覗いて見せてくれた。この場面転換こそ、この小説の新しさであり魅力であったろう。こうした行為は男女を問わず存在するし、それが人生の不思議さなのだが、露伴の娘はそうした気丈な性格を自然に身につけていたということだろう。小説の幻妙さというべきか。

北杜夫のような生き方

その伊助爺さんは、充分にみんなをじらしておいたうえで、やおら大釜のぶ厚いふたを取りはらった。

（北杜夫『楡家の人びと』新潮社、一九六四年）

北杜夫が自費出版した『幽霊』という初期の作品は、紀伊國屋で三部しか売れなかったという。それが『どくとるマンボウ航海記』というルポルタージュが爆発的に売れたあと、『幽霊』を中央公論社から出版したら、数千部を売り切ったというエピソードは当時有名であった。知名度のない文士のものは、どんな力作を書いても売れないという出版事情は当時から始まっていた。

北杜夫だけでなく、開高健、山口瞳、野坂昭如などは、そうした裏事情を熟知していたので、週刊誌メディアを巧みに使ったといえよう。

三島由紀夫が推薦文で強調したように、トーマス・マンの『ブッデンブローク家の人びと』に憧れていた北杜夫の『楡家の人びと』は、戦後文壇の上でも、もっとも正統派の市民文学であった。

斎藤茂吉の二男として生まれた北杜夫は、精神病院で三百人の従業員を抱える経営者であり、『赤光』『万葉秀歌』で歌界で第一人者となった歌人の息子である。東京のブルジョア家庭を描くのに最適な存在であったといえよう。同人文芸誌『文芸首都』でながい雌伏の時代を過し、田畑麦彦、佐藤愛子たちと共に同人であった北杜夫は、その意味でもオーソドックスな文士であった。佐藤愛子が『ソクラテスの妻』から『血族』まで追い続けた家族と同心円であったといえよう。

もはや北杜夫のような生き方は不可能な時代になったが、それだけに、それ以前と以後の格差を現代人はもう一度考え直してみたらどうだろう。日本語そのものも変ってきているはずである。

無期囚の前途

拘禁の研究をしてきて、私は現代社会が次第に監獄に似てきたことにおそれを覚えている。

（小木貞孝『死刑囚と無期囚の心理』金剛出版、一九七三年）

精神科医小木貞孝は、ペンネーム加賀乙彦。一九二九年生れ、日本ではめずらしい本格的長篇作家。幼年学校の体験をもとにした『帰らざる夏』は、一九四五年、敗戦の年の東京の空襲を描いた記録としても貴重な絶品である。

精神科医になったことも、ドストエフスキー『死の家の記録』の影響を自ら挙げているが、人間世界のさまざまな逆説、生と死、正常と異常、貧しさと豊かさ、聖者とインテリ、犯罪とモラル、など、そこには人間が通常見過ごしてしまう深層心理の多様な側面が描き出される。小木貞孝が精神科医として、死刑囚と無期囚の事例を多数面接した経験が、豊かな業績につながっているが、加賀乙彦という作家の世界でも、重しの役割を果たしているといえよう。

通常、死刑囚は目前の死を前にして緊張し、崇高になり、無期囚は拘禁状態の無限の時間を前にして放心状態、ウツケになるという説を聞いたことがある。最近、戦争中の日本人は死刑囚であり、戦後の日本人は無期囚ではないか、と思うことがある。

戦後の日本人は平和な社会、豊かな社会を目指して働いた。平和で豊かであれば、当然人間は幸福になれると思っていた。しかし豊かな社会が到来したその時期（万博）に、学生反乱が世界的規模でおこり、日本でも全国の大学が破壊され、学生たちはアナーキーになった。その後、白け、軽薄、オタク、フリーターと、正常な社会人を逸脱した、脱落した若者の大群を生み落とした。

その後も、親を殺す子供たち、子供を殺す親たちが激増し、家族共同体が崩壊していっている。また教育の現場でも、教師も児童も異常な症例が多く報ぜられている。教育社会の崩壊である。無期囚となった人間の前途はどうなる？

大人の思考力

轟々と颪が吹き、無数の径一米はあらうかと言ふ火の玉が路面を街の上空を転がってゆく。火の玉のみならず、あらゆるものが、火の粉が煙が焼けトタンが瓦が飛んでゆく。魔法の絨毯のやうに畳一畳がそつくり人を乗せられる形で横に飛んで行くのを見た。

（加賀乙彦『帰らざる夏』講談社、一九七三年）

加賀乙彦は昭和四年生れ、陸軍幼年学校に入学、東京大空襲を身近に体験した。その経験に基いた大空襲の描写はおそらく他の作家にはあるまい。空襲によって起る竜巻が畳や自転車を空中に舞い上げる様子は、空襲の経験者しかわかるまい。

昭和二十年の夏は日本人が生存する限り集団的記憶に残る性格のもの、ヒロシマ、ナガサキ、硫黄島、沖縄と共に戦後日本が忘れてならない原点である。

加賀乙彦はその極限状況を描き切ったが、戦後の彼は、もうひとつ、精神科医として、死刑囚と無期囚の決定的差異を、ドストエフスキーの作品から学んだ（小木貞孝『死刑囚と無期囚の心理』）。死刑囚は死刑を前にして、生の実存に目覚め、無期囚は永久の生を前にして生への気力を失う。この事から人間はさまざまな議論と方向を展望できる。北杜夫と加賀乙彦という二人の作家兼精神科医が誕生していることを、もっと批評家は論ずべきだろう。

日本人は戦後の無気力の前に、大人の思考力を失ってしまった。精神科医の分析は文学や政治学・経済学よりも現実を摑んでいる。石原慎太郎と大江健三郎は学生時代に作家になった秀才だが、どちらも社会生活の経験なしに作家になったことの無残さを歴然と残している。日本人の〝戦後〟はそのころからおかしい。その幼稚さの陽と陰の極限が二人の文章である。

開高健と佐治敬三

俊介は靴底を水に洗われ、寒さにふるえながらこの光景を眺めていた。朝もやにとざされた薄明の沖からはつぎつぎと消えてゆく小動物の悲鳴が聞えてきた。

（開高健「パニック」『日本の文学七六』中央公論社、一九七三年）

開高健ははじめから最後まで居所の定まらぬ存在だった。それは彼が不断に自己革新を試みた性かもしれない。ベトナム戦争でも最初はベ平連に参加していたが、実際ベトナム戦争の前線に出て、すぐベ平連を辞めて『輝ける闇』をながい歳月をかけて書き上げた。戦争とパルチザンのリアリティを摑んだためだろう。

その彼が終始態度を変えなかったのがサントリーの『洋酒天国』であった。山口瞳や柳原良幸などと共に宣伝、広報と文学をつなぐ独特の世界をつくり上げた。それは戦後の経済成長期の底抜けに明るい気分を巧みに表現していた。「トリスを飲んでハワイへ行こう」といった宣伝文句を覚えている人も多いだろう。

しかし、それは佐治敬三という風変わりなオーナーとの出会いを抜きにしては考えられない。佐治さんはビジネスを戦い抜きながら、美術館や音楽ホール、また文化財団といった文化事業に金をつぎこんだ。それは佐治さんが根っからの文学青年であり、鋭い勘が働いたからなのだが、そうした拡がりの元はこの『洋酒天国』にある。佐治さんのイレ上げ方が徹底していたのは、開高健が亡くなったときの葬儀場でこぼした涙でもわかる。開高賞という少し無理な賞をながく続けたことも佐治さんの実感が選ばせた道であったろう。

佐治さんは松下幸之助よりも新しく、稲盛和夫さんよりも実感的に、文化領域に切りこんでいった。サントリーが非上場の企業だったという有利さももちろんあったろう。とにかく開高健とは青春を共にし、成長期日本を謳歌したよき時代のシンボルだったといえるのである。

根っからの東京っ子、昭和っ子

夕方六時から始まる銀座での会合があるときは、四時に家を出る。たいていは中央線に乗って東京駅まで行くのだが、タクシーを奮発して中央自動車道を走ることがある。また、迎えの自動車を頂戴することもある。

（山口瞳『新東京百景』新潮文庫、一九九三年）

山口瞳は開高健と同時期にデビューした作家である。河出書房の編集者から出発し、『婦人画報』に連載した「江分利満《えぶりまん》氏の優雅な生活」で直木賞をとり、『週刊新潮』でコラム「男性自身」をえんえん連載することで文名を得た。同時に開高健と同様、サントリーの『洋酒天国』

の同人となり、それも生涯続けることになる。山口瞳は開高以上に企業の広報活動を知っている存在であった。「江分利満氏」以来、高度成長期のサラリーマンの実感を山口ほど巧みに描き切った人はいない。

彼は麻布中学を卒業した江戸っ子であり、大正十五年（昭和元年）生れの昭和っ子であった。昭和の戦争を実感し、戦後の経済成長を体験できた幸福な世代でもある。バブル崩壊後のウツ状態を生きる世代の人々にはその実感は解らないだろう。山口瞳が鎌倉のアカデミアという戦後直後の自由な空気を吸うことのできたことも幸いだったろう。戦争も戦時もいまとなれば、その虚構ぶりばかりが眼につくが、その中を生きたひとびとの生活、振る舞い方は了解しておかねばならない。

日本人はお調子者だ。「五大列強に伍した」ことを威張っていた軍人たちは、日中戦争、対米戦争の拙劣さで呆気なく破れた。軍事力を否定した戦後の経済大国もリーマンショックで崩壊した。

「他者から尊敬される存在」になるために何が必要なのか、日本人は自らの歴史を振り返った方がよい。東京という街は昨日のことを忘れ、明日しか考えない。こうした虚しさを繰り返さないために、戦争と戦後を繰り返し振り返ることだ。

文学史と裁判史を知る眼

「樋口一葉展」〔日本近代文学館、二〇一二年四―六月――編集部注〕の監修をすることとなったとき、それまでは私の好みのままに読んできたものの、多くの評論家、研究者が一葉をどのように論じているのかを気がかりに感じて、若干を繙いてみた。その結果、一葉の作品の享受、解釈が私と多くの先学との間では非常に違うことを知り、たいへん衝撃をうけた。それでも、私には私が読んできた一葉の読み方が間違っているとは思われなかった。

（中村稔『樋口一葉考』青土社、二〇一二年）

昨年『私の昭和史』という大部の書物を仕上げ、その記憶力と筆力で驚嘆させた中村稔さん（詩人・弁護士）が、今度は樋口一葉を取り上げた。主要作品と『日記』の新解釈である。

中村さんは宮沢賢治、中原中也からはじまり、日本の近・現代文学に精通している。とくに、一高の寮で一緒だったという飯田桃（いいだもも）から、詩文学・人生観まで教わったと自称していたが、すっかり虜になってしまった。

その『私の昭和史』は、裁判官として、ゾルゲ事件を扱った記憶から精細をきわめ、戦後史になるとさらに精しい。そのいいだももも、中野徹雄も、日高普も亡くなった今日、中村稔の健康と筆力は抜群である。

日本近代文学館名誉館長として、文学の専門家である中村氏がどのように樋口一葉の作品を読んできたかを記したもので、それがおそらく多くの研究者、評論家と見解や解釈を大いに異にしており、結果的に、新しい読み方を提示したのであるから面白い。人間は後期高齢者になっても、元気をもつことができる。

この伝で日本の文学史と裁判史の両方を体系的にまとめるのはどうだろう。岩波、筑摩、などの大型出版とちがう、青土社版が話題の中心になると面白い。人間社会は多様な展開を試みることができる。

維新の出発点

死して不朽の見込あらばいつでも死ぬべし、生きて大業の見込あらばいつにても生くべし

（徳富猪一郎『吉田松陰』民友社、一八九三年）

高杉晋作が、伝馬町の獄につながれた吉田松陰に発した問い「丈夫ノ死スベキトコロ如何」に答えた松陰の言葉。「男たる者、どのようなときに死ぬべきでしょうか」という質問に答えた松陰の言葉は迫力があり、煎じ詰めれば、この言葉が、明治維新の突破口となったともいえる。

松陰はそう言い遺して覚悟の死を遂げたが、生きて郷里に帰った晋作は、功山寺に挙兵し守旧派、俗論党の支配していた長州の藩論をくつがえし、体制を一新する〝回天の業〟を成し遂げた。長州の回天が薩長の連合を可能にし、幕府の長州征伐を誘い出し、長州の全面的勝利が討幕路線につながってゆく。

その意味で、白面の青年志士吉田松陰の、そして萩の城下町のはずれにあった松下村塾の小さな、小さな存在が、日本全国を捲きこむ変事に発展したと言える。維新の面白さ、歴史の醍醐味がここにある。

徳富蘇峰（本名・猪一郎）は熊本出身のジャーナリストであり、雑誌『国民之友』を創刊し、民友社を設立し、『国民新聞』を創刊する。その平民主義、自由主義が圧倒的人気を博したが、日清戦争のころには政府に接近し、国権主義的傾向を強め、以後、敗戦まで帝国日本の代弁者のような地位にあった。

しかし、ここに掲げた『吉田松陰』をはじめ『近世日本国民史』（全百巻）などの歴史書は、もっとも価値ある史書として今日でも生命力をもっている。ジャーナリズムと歴史、言論と思想の問題を考えてゆく上で、蘇峰の徹底的再検討が必要のように思う。歴史はアカデミズムだけのものではない。

なぜ幕府は滅びたのか

ペリー来航時、幕府の採った処置は三つの事柄に集約される。第一は京都へ奏聞の事、第二は水戸の斉昭卿を顧問にした事、第三は諸大名に和戦の論議を成さしめた事（略）

この三事は当時偶然に出でたるべしといえども、実に徳川幕府の専政改体は、これがために一変して、合議政体たるの端緒を開きたり。世人往々幕府を評して、保守のために外れたるものと論評すれども、余はこれに反し、幕府は進取のために亡びたるものと明言せし事ありき。

（福地桜痴『幕府衰亡論』東洋文庫、平凡社、一九六七年）

蘇峰が福地桜痴（源一郎）に『幕府衰亡論』を書かせたこと自体、卓抜な見識であるが、それに応えた桜痴の示した見解ほど面白いものはない。

いうまでもなく、『幕府衰亡論』は『ローマ帝国衰亡史』からのヒントであるが、そうした知識を知識人が共有していたことは、幕末・維新期の日本の知的水準の高さを物語る。

幕府が因循姑息だったから滅びたという通説に対して、桜痴は幕府が進取的（進歩的）だったから滅びたのだという。この逆説はものすごく面白い。事実、幕府が京都の孝明天皇にお伺いを立てたことも、水戸の斉昭公を顧問にしたことも、諸大名に意見を徴したことも、幕府専制、独裁ではなく、広く天下の世論に耳を傾けて、民主的基盤の上に政治を行おうとしたのであり、開明的であったことは明らかである。

ところが、民主的であることは、意見の集約を困難にする。万延元年、井伊大老の暗殺と斉昭の病死が重なったとき、幕府は基本的にリーダーシップを失ったのだという。まさに今日にも通用する政治における定理がここに明白に現れている。

政治における民主的態度も、人民史観も、問題の解決にはあまり役に立たない。知識人はこのリアリズムを失っては自らの責任を果たすことはできないのである。

子母沢寛の言葉の芸

今日は、勝も、ずいぶん、みっちり身を入れて遣《つか》って行った。肱のところに血がにじんでいたようだ。

（子母沢寛『勝海舟　第一巻』（全六巻）新潮文庫、一九六八年）

日本の新聞小説の多くは、敗戦と共に中止となった。戦争を前提に構想されていた筋立てが時代に合わなくなったのである。たとえば岩田豊雄は戦争中『海軍』を書いていて中止し、戦後は獅子文六の名前で証券マンを主人公とする『大番』を書きはじめた。

そうしたなかで、『中外商業』(今日の日経新聞)に載った子母沢寛の『勝海舟』は、そのまま継続していた。ちょうど、西郷隆盛との江戸城明け渡し交渉が始まるところで、無条件降伏した日本の状況とダブって考えることができたためだろう。私は中学生だったが、そのころの『勝海舟』の文章をはっきり覚えている。

子母沢寛は昭和初期に書いた『新選組始末記』と『勝海舟』の二冊で不朽の作家となったといえるだろう。『新選組始末記』は、あまりに表現がリアルで、司馬遼太郎は『新選組血風録』を書くときに、わざわざ子母沢寛の御宅を訪ね、『始末記』を下敷にして書かせて頂きたい、と挨拶をしたという。司馬遼太郎もこのころに、歴史小説の文体を会得したのだろう。

また子母沢寛には『父子鷹』という、父・勝小吉と息子・海舟のことを書いた作品もある。この父小吉の書いた『夢酔独言』が滅法面白い。勝家は小吉の親の時代に、直参旗本八万騎の株を買ったのだという。それまでは検校(盲官の最高位)だったという。ある意味で勝には本来の旗本の忠誠心はなかったのだ。小栗上野介や松平容保とは発想がちがっていたのだ。

私も上司と共に一遍だけお目にかかったことがあるが、話芸の質は断然高く、うっとり聞き惚れるようなものだった。座頭市のわずかな頁の記述(『ふところ手帖』)が膨大な映画群を生み出したのも、子母沢さんの言葉の芸の巧みさを語っているようだ。

『夢酔独言』の無類の面白さ

おれが此の一両年、始めて外出を止められたが、毎日毎日諸々の著述、物の本、軍談、また御当家の事実、いろいろと見たが、昔より皆々名大将、勇猛の諸士に至るまで、事々に天理を知らず、諸士を扱ふ事、又は世を治むるの術、乱世、治世によらずして、或は強勇にし、或はぼふ（暴）悪しく、或はおごり、女色におぼれし人々、一事は功を立つるといへども、久しからずして天下国家をうしなゐ、又は知勇の士も、聖人の大法に背く輩は、始終の功をたてずして、其の身の亡びしためしあげてかぞへがたし。

（勝小吉『夢酔独言 他』東洋文庫、平凡社、一九六九年）

勝小吉は勝海舟の父である。本書『夢酔独言』は自伝であるが、途轍もなく面白い。本人は無学であるが、頭はよい。小吉の祖父は旗本の株を息子に買い与えた。海舟の曾祖父である。検校だったというから眼が悪かったのだろう。

子母沢寛は二度、勝海舟のことを書いている。二度目は『父子鷹』という表題で、あるいは本書を読んで書き直したのかもしれない。それほど勝小吉という存在は面白いのである。海舟のような存在が出るまでに三代かかったわけだが、海舟のような自在な思考はこうした祖父、父からきたものだろう。

海舟は幼くして学問をした。オランダ語の辞書（ズーフハルマ）を訳して完成した。だから徳川家への忠誠心は薄く、世界への視野をもち日本のことを考えた。海舟は維新直前、一年間の謹慎を命じられているが、「幕府はもう駄目だ」と西郷に告げたのは海舟である。それは考えようによっては、ダブル・スパイだったともいえる。西郷はそれを知って、「雄藩連合しかないか」と考えたという。薩長連合の発端である。江戸無血開城の発端でもある。

幕末には大久保彦左衛門のような旗本はいなくなり、旗本八万騎はガランドウになっていた。松平容保や小栗上野介は例外だったのだろう。慶喜は自分と幕府を救うために、旧臣を捨てたとも考えられる。

維新の保守派

我れの人となりしは、実に、我が父と我が師（安井息軒）**と我が妻の恩なり　谷干城**

（平尾道雄『子爵谷干城伝』象山社、一九八一年）

平尾道雄さんは子母沢寛と並ぶ維新史の研究家である。坂本龍馬、中岡慎太郎の研究家、土佐の郷土史家と思われがちだが、その視野は広く、のちアメリカのマリウス・ジャンセンがプリンストン大学まで招いて、一年間彼から維新史の事実・解釈・判断を学んだ。

本書はもと冨山房から昭和十年に出た古典であるが、昭和五十六年象山社から復刻された。

谷干城《たてき》伝の決定版である。従来、維新史も明治史も革新派に傾きがちだが、平尾さんの視野は広く、西南役で熊本城に五〇日間籠城した谷干城の日本主義や宮内庁に入った佐々木高行といった保守派をも視野に入れている。

谷家は代々儒者であり医学を修めて医者として生活を立てた。次第に取り立てられて士分に昇格、母も同格の家の娘であったという。谷干城は父親の眼鏡にかなった娘をもらい、二人は結婚当日まで顔を見たこともなかったという。

干城が師と称す安井息軒は、江戸に遊学したときに最後に辿りついた人で、三計塾という塾を経営していた。

安井息軒は、表会と内会という二つの会議をもっていたが、彼が出席するのは表会だけ、内会は塾生たちに自由に討議させたという。森鷗外に「安井夫人」という名品がある。夫人になった女性は息軒の醜男ぶりに構わず良妻ぶりを発揮。「彼女は遠くを見つめていたのだろう」との結語が光る。

弟子の谷干城も女房に恵まれた。熊本城籠城に妻の玖満《くま》も一緒に籠り、傷兵たちを支えたという。この話は女性記者第一号となった羽仁もと子が追憶談を書き、ヒットしたという。世の中は偶然の巡り合せが面白い。

小栗上野介という存在

薩長の討幕軍を前に、徳川慶喜の態度は、四転している。主戦論の演説をぶつかと思うと翌日には、幕軍を放り出しての逃亡を試みる。

（高橋敏『小栗上野介忠順と幕末維新』岩波書店、二〇一三年）

この書物で幕末維新の主戦派、勘定奉行の要職にあった小栗上野介忠順《ただまさ》の周辺が明らかになった。著者高橋敏氏は近世村落史の研究家で、国定忠治や清水次郎長の研究書があり、今度の小栗論は頂点を目指すものといってよいであろう。

著者も語るように、野口武彦氏の慶喜周辺研究が積み重なり、京都上洛、二度の長州征伐周辺の実態は明らかになってきたが、高橋敏氏の研究は昭和二十七年に発見された『小栗日記』の分析が主となっている。そのことが大切だろう。『小栗日記』は感情を殺した交友録であり、十二代つづいた小栗家の家計簿が入っている。妻君や母親にわたす金は一部に過ぎない。

私のような維新好きには早くから小栗上野介が主戦派の中心人物であったこと、慶喜も小栗や松平容保を最後まで見放さなかったことは漠然と頭に入っていたが、とくに小栗が箱根に拠って食いとめれば、西軍、薩長連合軍は食いとめられると主張していた。

勝海舟が再浮上するのは慶喜が大坂城の数万の部下を見限って要人だけが江戸まで船で逃げ帰った時で、このことは何とも情けない話として映っていた。

こうしたリーダーを頂いていては、どんな軍隊も敗けることだろう。リーダーの態度がぐらついていてはどうにもならない。

英国、仏国の公使だけでなく、プロシヤの公使も「十五代つづいた名誉の家門も戦うこともなく滅びたのである」と判断していた。勝はそれまで謹慎を命じられていたのだが、慶喜は小栗、松平容保も退けて「勝を呼べ」という決断がでてきたのだ。人間社会の運命はわからない。

慶喜をどう評価するか

それにしても、慶喜卿が将軍家の後見職の身でありながら、幕府の顕職で、しかも有為の士が至当な処置をとったのに対して、かえってとるにも足らない浮説を並べ立て、その人を朝廷に讒誣《ざんぶ》するがごときは、奇怪至極なことというべきである。（小笠原長行）

（山川浩著、遠山茂樹校注『京都守護職始末――旧会津藩老臣の手記１・２』東洋文庫、平凡社、一九六五―六六年）

徳川慶喜の言動に対して、古来、さまざまな評価がある。終始、平和を願って大政奉還をした慶喜は立派であったといった讃美論もあるにはあるが、側に仕えていたり、身近に見ていた人々は一様に、慶喜の優柔不断と無責任さを弾劾している。これは日本人だけではなく、プロシヤ大使なども、〝二百六十年も続いた名誉ある武門の末裔にあるまじき〟無責任と非難している。

鳥羽・伏見の戦いのあと、大阪城に集まっていた地方の幕臣に対し、何の説明もなく、こっそりと脱出して江戸に帰ってしまった行為などは、弁解の余地はない。

そもそも、四賢侯を集める慶喜の下に、雄藩連合ができたときも、慶喜の態度が徳川家のことばかりを言い立て、天下の趨勢を見なかったために、四賢侯たちは、愛想をつかして帰国してしまったという。

大阪から帰った慶喜は、小栗上野介や松平容保といった強硬派の登城を禁じ、それまで蟄居を命じていた勝海舟を呼び出し、薩長とパイプのある海舟に、一切の後事を託し、自分は蟄居してしまった。

それまで、薩長と通じているスパイとして扱われていた海舟が、一挙に全権を委任されて舞台の正面に躍り出たのである。西郷との交渉という晴の舞台を演じた海舟はそれ以後ながく、幕府と明治政府の間に立って主役を演じた。しかし、小栗上野介と松平容保の運命を考えると、あまりに非情の感を免れることはできない。

慶喜右往左往

徳川慶喜という存在はどうもなじめない。二度の長州征伐に失敗し、鳥羽伏見の戦いに居眠りをし、大坂城に数万の将兵を残して舟で江戸に逃げ帰る。山内容堂の〝大政奉還〟という発想と言葉も結構だが、実態はちがったものだったのではないか。

ＮＨＫの大河ドラマ「八重の桜」でも、慶喜を書こうとしてあまりのだらしなさに呆れ果て〝慶喜右往左往〟という表現になったのではないか。先月号の「小栗上野介」でもわかったことは、勘定奉行を勤めた「小栗上野介」の方が勝海舟より余程正統派であり、箱根に拠って薩長軍を食いとめることも、本当に出来たかもしれない。

勘定奉行と京都守護職は共に幕府の中枢だったのである。その二人を、逃げ帰った慶喜は〝登場に及ばず〟と追い返した。職を失った小栗上野介は官軍に捕まって斬首されたという。変って浮かび上った勝海舟は面白い人物であったが、幕府への忠誠心はなかった。西郷に大坂で会って「幕府はもうだめだ」と告発して「それなら西南雄藩の連合しかない」というヒントを与えたのも勝だという。

＊　＊　＊

自民党の安倍内閣は、久しぶりに保守政党としてのリーダーシップを発揮している。日銀の独立制はどうなったのか心配だが、当面、デフレ不況からの脱却を目指したリーダーシップは成功している。将来のことはまだわからないが、デモクラシーでも大切なことは〝リーダーシップ〟(決断)であることは明白になった。〝大衆迎合主義《ポピュリズム》〟は許されないが、決断しない政治が如何に長かったことか。

しかし、決断のなさよりこわいのは、〝孤立化〟することである。松岡洋右の国際連盟脱退は最悪である。日本は国際社会から孤立化したとき、すでに負けていたのである。

その意味でTPPに参加したことはよかった。日本農政の固有性は、いつまでももつとは思えない。国際世論は頼りないが、テロ国家も覇権国家も最終的に国際世論に勝てない。

維新と近代化――西欧への留学生たち

幕末激動の時代に生きた青年たちは、緊迫した危機感の中で、おのずから鍛え抜かれた精神力というか、気魄というか、そういったものを持ち備えていた。

（犬塚孝明『薩摩藩英国留学生』中公新書、一九七四年）

徳川慶喜のリーダーシップのなさを確認したあとに、この国の各有力藩から幕末に西欧に出かけた留学生たちの仕事ぶりをよく見れば、如何に目覚しいものだったかがよく解る。「下級武士による革命」（H・ノーマン）と名付けられた変革は、その後、その語学力のおかげで、じつに大きな仕事をしている。版籍奉還、廃藩置県の実施のおかげで、世界でも稀にみる徹底した変革となった。

それは幕府自体がそうであり、長州・薩摩から始まり、会津までその点は徹底している。眼の前に近代化した西欧を見たのであるから強い。藩閥政権と自由民権の対立といってもどちらも西欧帰りだから、相互の了解は早い。

福澤諭吉の『学問のすゝめ』、『文明論之概略』にはじまり、中江兆民の『三酔人経綸問答』、内村鑑三の『余は如何にして基督教徒となりし乎』、最近では『天ハ自ラ助クルモノヲ助ク――中村正直と「西国立志編」』（平川祐弘）まで研究書が出た。

日本が儒教・仏教を早く取り入れ、四書五経の世界古典をもったことは、以後の日本を決定的に変えた。鎖国の悲劇を活用する、いや鎖国を越えても日本は世界状勢にくわしかったという説、またグローバリズム（普遍化）を強調する説を問題視する説があり、また学問の高度化を重視する説があったりする。

ヨーロッパのように、ギリシア・ローマを世界古典と考える説がすべてではない。ヨーロッパがそうであっても、仏教・儒教を重視する立場からいえば、それだけが古典とはいえない。日本の哲学界でも、解釈学的現象学的方法が発達して以降、言葉の用法が重視され、ギリシア・ローマだけでなく、インド・中国・日本がそれぞれの霊性を深化させた説もある。

歴史の始源が文字のない口誦伝承の時代と考える発想からは、ちがった結論が出ており、この微妙な相違は、老・荘を含んで、まだ議論が続きそうである。

「パックス・トクガワーナ」の意味

最近では大変革の時代であった戦国時代を境いにして、それ以前の古代から中世までの日本を歴史区分の一つのブロック、それ以降の江戸時代（近世）と明治以降の日本（近代）をもう一つのブロックとして、大きく二つに区分する見方も出てきています。つまり江戸時代は封建制というくくりの中で、戦国、室町、鎌倉時代と一緒にするよりも、むしろ近代日本に引き継がれてゆく基礎を築いた時代として、近代日本とひとつのくくりにして考える方が正しいという見方です。

（徳川恒孝『江戸の遺伝子——いまこそ見直されるべき日本人の知恵』PHP研究所、二〇〇七年）

著者は徳川宗家十八代、現在は徳川記念財団理事長、これまでの半生を日本郵船の社員として世界各地に滞在、学習院大学時代には、師事した児玉幸多、金澤誠、小倉芳彦といった先生たちから学んだ。日本史、西洋史、東洋史の豊かな知識を現地で確認することができたという。徳川恒孝氏の歴史眼は生半可なものではなく、大学の歴史学者の大半より、優れているように思う。また、彼の世界各地での観察眼は鋭く、正確で、多くの内外の人々を納得させることだろう。

たしかに、日本社会の清潔感をはじめ、近世（江戸）と近代（明治）の連続性は疑いのない事実である。日本人はこれまで『太閤記』の〝狸爺い〟にはじまり、徳川封建制の悲惨さを強調しすぎていた。徳川恒孝さんの体内には、初代〝神君〟家康の血がしっかりと根づいているのだろう。

近代の基礎としての近世、豊かな殖産興業の時代、地方領主が藩政を競い合い、すばらしい学問と文明が普及していた。その頂点としての歌川国広、荻生徂徠、本居宣長についてはよく触れられるが、社会全体の奥行きをわれわれは体感することが必要であろう。

そのとき、本当に落着いた近代社会観も生れてくるというべきだろう。

兵馬の権はいずこにありや――西周の全貌

「従命法」については、実は、制度上もっとも重要な問題が残されていた。誰を国家意志の発動者にすべきかということと、誰を軍事行動の最高責任者にすべきかという問題である。

（清水多吉『西周――兵馬の権はいずこにありや』ミネルヴァ書房、二〇一〇年）

西周については、森鷗外の伯父に当ること、また〝哲学〟という日本語の発明者であったということ以外に記述のある本は少ない。今回、清水多吉氏の書いた『西周』によってはじめてその全体像を知ることができた。鷗外の伯父という形容は如何にも軽すぎる。

森有礼が結成した日本最初の学術団体「明六社」には、西周のほか、加藤弘之、福澤諭吉、中村正直、津田真道、箕作麒祥らが参加した。明六社に集まった人々はどのような理由で集まったのか。またなぜ一年で機関誌『明六雑誌』の発刊を取り止めたのか。

藩閥政権は自分に近い人間にもっともきびしい。西周がナント参謀本部に所属していた官僚であり、啓蒙思想家であった。幕末のオランダへの留学生であり、津田真道と親しく、最初は徳川慶喜の軍事顧問であった。その西周の問いである〝兵馬の権はいずこにありや〟という発想は、天皇主権の旧憲法の根本命題であり、明治時代のみならず、大正、昭和の太平洋戦争終結まで、日本人はこの問題を解けないまま、大日本帝国の解体に至ってしまった。

西周の問いは意外に合理的であり、異議申し立て権を認めるなどその後の日本の軍閥などよりはるかに近代的である。留学し、内戦を経験した西周の発想は実際的であり、かつ根本的であったといえよう。

人間から見る近代政治史

わたしが原敬・陸奥宗光・星亨・伊藤博文・板垣退助とえらんで書いたものは、評伝というよりは、評伝のかたちをかりて書く、明治政治史の素描である。（略）大久保利通が明治絶対主義を代表したとすれば、星はよいいみでも悪いいみでも明治自由党の代表者であった。政友会総裁原敬の生涯には、その大久保と星の宿命が統一されているのである。

（服部之総『明治の政治家たち——原敬につらなる人々　上巻』岩波新書、一九五〇年）

昭和二十五（一九五〇）年に出版された本書は、学殖と麗筆で、ながく戦後日本の近代政治史入門の役割を果しつづけてきた。服部之総は新人会、マルクス主義、維新・絶対主義革命説など、戦前・戦後を通じて唯物史観の指導的研究者としての役割を果してきたが、戦時中は花王石鹸に勤めて社史を書いたり、自分の出自が島根県の浄土真宗の寺であったことを生かし、親鸞や蓮如の研究で成果を挙げるなど、柔軟な人間通であったため、文章も平易で多くの人々に影響を与えた。

この『明治の政治家たち――原敬につらなる人々』も、明治政治史の骨格をしっかり捕らえ、今日読んでも少しも古くなっていない作品である。それぞれ作品はその立場を越えて生命力をもつ場合がある。遠山茂樹氏たちの『昭和史』が人間不在の歴史などといわれたのとは好対照である。

今日、政治家としての後藤新平が再評価されたり、萩原延寿氏の『陸奥宗光』などが政治学的に再評価されているのも、この服部之総の業績のバリエーションといってもよいだろう。共産主義の崩壊で、マルクス主義全体が再検討を促されているが、その場合でも、個々の人間、あるいは作品についての識別で、行き届いた配慮が必要のように思う。このことは左右を問わない。人間の営みは社会問題の所在によって、大きく揺れてゆくからである。歴史はついに歴史の中で結論が出ず、信仰によって最終結論を導き出す他ないのかもしれない――。

悲劇の発端

一九三一年秋、極東は世界注視の的となった。それ以来、日中両国は相争い、公式の宣戦布告こそなされなかったけれども、事実上戦争状態に入った。まず戦場となったのは南満洲鉄道（中国東北南部）であったが、やがて、東北全域にまでひろがった。

（ハインリッヒ・シュネー『「満州国」見聞記——リットン調査団同行記』金森誠也訳、講談社学術文庫、二〇〇二年）

「リットン報告書」は、一九三一年、満洲事変がおこったころの、日中をはじめとする極東地域の状勢について、国際連盟が派遣した調査団の正式の報告書である。英国のリットン卿を団長とし、のちのA・トインビーも団員だったことは有名な話である。

この『同行記』は、ドイツ代表の国会議員、ハインリッヒ・シュネーの同行記であり、のちの日独関係を考えると、ナチ出現以前のドイツ人が、日本及び極東をどう観察していたか、興味ある稀覯本《きこう》である。第二次世界大戦の発端は満洲事変にあり、それを企らんだ石原莞爾は、日本は満洲を勢力圏に収め、世界最終戦なる日米戦争に備えるべきだという、独特の思想をもった戦略家であった。その後関東軍の後任は、満洲だけでなく北支に進出した。石原莞爾がその無謀を諫めると「いやあなたが満洲でしたことをシナでも実行するだけです」と白を切り、石原は二の句を継げなかったというのは、有名な話である。

軍人や官僚の無智はいまも当時も変らない。石原は戦略家として面白いが、関東軍という存在は、石原を含めて、日本を戦争に駆り立てた無謀な集団である。その教訓を日本人は忘れてはならない。

講談社の学術文庫は、近代史関連で面白い翻訳書を掘り起している。金森誠也氏訳の本書を含め、岩波新書とはちがう流れを捉えていることは評価されてよい。ともあれ日本の運命はこの時点でもう決まっていたのである。

日本人の歴史認識

東京裁判をめぐっては、同時代から「文明の裁き」論（肯定論）と「勝者の裁き」論（否定論）が正面衝突してきた。いまも東京裁判論の基本的構図である。

（日暮吉延『東京裁判』講談社現代新書、二〇〇八年）

東京裁判は戦後史の出発点である。しかし、連合国側の「文明の裁き」と日本の「勝者の裁き」という東京裁判の基本的受け取り方の差は深刻である。とくに「靖国神社」へのA級戦犯の合祀と歴代首相の「靖国」参拝、中国、韓国の反撥、日韓中の歴史認識論争と、重苦しい相克が続いている。

議論は複雑だが、日本人は「日本はなぜ敗けたのか」「日本はなぜ戦争したのか」という自省の気持を失ってはなるまい。航空幕僚長が言うことには「日本は侵略国家ではなかった」という台詞の根拠が、かつて戦前の行為が国際的に合法的であったというのでは、今日の議論としては不十分であろう。

同時に、軍人や軍国主義の断罪が急で、大日本帝国の構造、もしくは興亡の全体を見直さねばならない。問題は日露戦争に勝った日本が、南満洲鉄道の権益を、ロシアから譲渡されたことに始まる。日韓併合も問題だが、満鉄はやがて在留邦人の保護と鉄道周辺の権益保護のために関東軍を設置することになる。

〝帝国主義〟的行動は軍人だけではない。その中心人物は初代満鉄総裁の後藤新平である。その後藤の植民地統治が欧米にない、すぐれたものであり、独創的だったことが、問題を複雑にする。日本人ならば後藤の行動を全否定することはできない。その後藤は都市計画の構想者、実践者として、類例のない文明の全体の理解者であった。

日本人は歴史認識で簡単に中国、韓国に譲れないが、謙虚な態度で二十一世紀の行動指針を模索すべきだろう。われわれは歴史を尊重すべきだが、歴史に捉われず、未来指向を志す他に道はない。

日本人の中国認識

よく考えてみれば、日本人の中国認識はかなり偏っている。史上の人物に限っていうなら、諸葛孔明は知っていても、李鴻章を知らない現代日本人は少なくあるまい。そうした偏りは、専門の学問の範疇ですら例外ではない。諸葛亮の伝記は、内藤湖南、植村清二ら名だたる歴史家が著している。しかし李鴻章はどうか。少なくとも戦後は誰も書いていない。しかしどちらがいまの日本にも大きな影響を与えたのかは、火を見るよりも明らかである。これではまことに困るのである。

（岡本隆司『李鴻章――東アジアの近代』岩波新書、二〇一一年）

著者岡本氏の指摘はすべて当っている。かつて明治生れの人々は、日清・日露戦争は自衛戦争であることを信じて疑わなかった。「君死にたまふことなかれ」の与謝野晶子も満洲の話になると意見が変ったという。もちろん、自衛戦争の面はあったが、日清も日露も「勝った、勝った」と言いすぎたのである。三国干渉には「臥薪嘗胆」、日本海海戦と奉天会戦には「列強に伍した」と表現した。

私などは昭和の子、支那事変の初期のころの小学生が「李、李、李鴻章の禿頭」という戯れ歌を歌っていた。要するに日清戦争以後、侮中国（中国を侮辱する）態度を養われていたのである。小山豊太郎というテロリストがピストルで李大使の頬をぶち抜いたことも、李鴻章がその弾を抜かないで交渉に応じたことなどまで本書で知った始末である。

日本は勝つことだけ考えて相手がどういう人物かに関心がなかった。陸奥宗光が『蹇蹇録』の著者であることを知っても、「アジアの稀有の人物」である李鴻章の横顔すら知る気がなかった。同じように小村寿太郎を知っていても、相手のウィッテの人物を学んでいる人間は少ない。日露戦争は東郷平八郎と乃木希典、秋山真之と秋山好古しか知らなかった。日本はそのまま、第二次世界大戦までできてしまった。太平洋戦争もハワイ・マレー沖会戦とシンガポール陥落ですむと思っていたのではないか。ガダルカナルの転進、アッツ島、サイパン島の玉砕、沖縄玉砕と特攻出撃。大都市空爆と新型爆弾。『次の一戦』の水野広徳は、第一次世界大戦の惨禍を見て平和派になった人、『中央公論』の常連筆者だった。

天才を描くこと

――ついに一度は「天才」について書いてみたい、と思った。私の見出した天才が信長であった。

（秋山駿『信長』新潮社、一九九六年）

秋山駿という批評家は、私と同世代だが、この一六年前の作品はきわめて面白い。それまで秋山駿という存在は、私小説作家と比して私批評家ではないかと思ったことがあった。それほど私に拘わりながら批評をしてゆくのである。

その秋山が歴史の中で「信長」を選んだという選択眼が面白い。信長に関しては「信長公記」（太田牛一）という古い伝記があり、きわめて輪郭のはっきりした信長像が昔からある。桶狭間の合戦——それは数千の信長勢が数万の今川勢を破る話である。比叡山の焼討ち——中世的秩序の破壊。天下布武——天下統一という目標の自覚。足利義昭との別れ、武田信玄との戦い、浅井・朝倉との対立、長篠の合戦、武田家滅亡、等。

そして百姓上りの秀吉を重用し、明智のようなインテリを憎んだ。本能寺の変は起るべくして起ったのだろう。信長の発想と行動には、今日でもなかなか解けない謎が満ちている。

秋山駿は世界で最高の人物論は『プルターク英雄伝』だという。その彼が歴史上独りの天才を選んだのである。目標がはっきりすれば、史料も集めやすい。テーマを限定することが持続と集中を可能にする。信長というひとりを選ぶことで、その周辺が自然に見えてくる。秀吉、光秀、家康、寧々、淀君、秀次、秀頼等、すべてが見えてくる。

三人の性格を巧みに摑んだ川柳がある。

鳴かぬなら殺してしまえほととぎす　（信長）
鳴かぬなら鳴かせてみせようほととぎす　（秀吉）
鳴かぬなら鳴くまで待とうほととぎす　（家康）

本当に歴史は面白い。「太閤記」があまりに家康を悪者にしたので家康の実像が見えにくい。秀吉も家康もまだまだ論じたりない。

世界史という言葉

それぞれの時代は、次の時代への準備段階としてではなく、直接、神につながるものでなければならない。

（鈴木成高『ランケと世界史学』教養文庫、弘文堂、一九三九年）

L・ランケは、明治以来の日本の近代史学の祖として、日本のアカデミーにもっとも影響力をもった存在であった。鈴木成高氏は京大文学部の史学科の出身であり、京都学派の高坂・高山・西谷の三人が哲学科出身の中で、独り出身を異にしていた。直接の師は原勝郎（『東山時代における一縉紳の生活』の著者）であった。しかし鈴木成高のシャープな発想、リズミカルな文体、思想的重厚さは、当時の文学部全体が認めていたのだろう。

L・ランケの解釈も鈴木成高によって新しくなったといえるだろう。私は『ランケと世界史学』を戦後の混乱期、古本屋で見つけて読んだのだが、同書は戦争を越えて十分に新しい書物であった。戦後の混乱期は毛沢東中国の成立期であり、日本にマルクス主義が復活した時期でもあった。マルクス・レーニン・毛沢東の思想は発展を意味づけながら、資本主義社会から社会主義社会への移行は歴史的必然と考えるヘーゲル流の弁証法に対して、ランケの思考、テーゼは、カントの人格を考えるテーゼと似ており、「それぞれの時代は直接神につながる」自己目的性をもっているという主張は、マルクス主義に対する解毒剤的な役割を果たした。

私は創文社や長者ヶ崎の御宅にまでお邪魔して、先生の独特の話術を伺ったが、例えば西田幾多郎の風貌について、――京都の四条河原町の繁華街で、バッタリ西田先生に出会ったら先生は懐からおもむろにC・ドーソンの原書を取り出し、「鈴木君、ドーソンは〈民主主義は万人のための貴族主義でなければならない〉といっているんだよ」と興奮した面持ちで語って周囲の雑踏を忘れているかのようだった。

かつては日本人もこうした会話をする知識人をもっていたのである。

歴史の再構成を

実隆は斯くして朝廷で調法がられたのみならず、武家からも重んぜられ、風流の嗜《たしな》み深かった義尚将軍の如きは、文明十五年七月からして、隔日に室町殿へ出頭してくれるようにと頼んだ。

（原勝郎『東山時代における一縉紳《しんしん》の生活』筑摩叢書、一九六七年）

同書は専門家の間では音に聞こえた歴史叙述の古典である。鈴木成高氏などは直接接する機会はなかったものの、師と仰いだ西洋史学の泰斗であり『世界大戦史』といった同時代史を残しながら、日本中世史研究の専門家でもあった。その学東西にわたったのである。

こうした大正時代のリベラルな学風は、その後、唯物史観、皇国史観によって背後に押しやられるが、今日必要なことはこうした学風を復活・継承することである。同書が東山時代の典型的な公卿であり文化人であったひとりの人間の生活を活写することで、足利時代、応仁の乱時代の京都の風景を浮かび上がらせている。

こうした方法はヨーロッパにもない。原勝郎の独創であったらしい。東北盛岡の出身で東国武士を想わせる原勝郎は、癇癪持ちでいつも怒声を発し、京都弁を喋る息子たちをぶんなぐったという。

しかし、それでいて同僚の学者たちからは敬愛されていたというから面白い。原勝郎に私心がなく、東西文明を念頭におきながら、日本文化の個性を、ショウビニズムではなく冷静に見つめ続けていた。

こうしたアカデミズムの、自立しながら、自由な発想が中心で生かされていた大正時代は、狭い大正デモクラシーといった政治史的視点を超えた、佳き時代だったのである。日本歴史もまた、この時代に倣って歴史を再構成してゆかねばならない。

都市研究の自由さ

港町が各地に起り、またいわゆる門前町が出現していたことが辿られる。門前町は寺院もしくは神社の町である。室町時代の中頃以後になり、中央政府の力が衰えて封建領主の割拠的・自主的傾向が深くなるに従いそれぞれの地方にそういう城下町というものが勃興し始める。

（今井登志喜『都市発達史研究』東京大学出版会、一九五一年）

都市研究は、さまざまな角度から行われている。行政学、社会学、建築史、土木史、等それぞれの視角をもっているが、やはり基礎に歴史学・地理学がなくてはならない。

今井登志喜は、東大の西洋史専攻だが、日本史にも深い造詣があり、とくに社会史、都市発達史の専門家であった。それは京大の原勝郎と比肩できる大正期の自由な学風を象徴している。『近世に於ける繁栄中心の移動』は独創的で面白い研究である。ヨーロッパの近世の繁栄がイタリア半島から次第に北上し、ハンザ同盟の諸都市に至る〝中心の移動〟をテーマにしたもので、都市繁栄の複雑さ、偶然、不思議さを考えさせる。

今井は英国社会史の研究にも精力を注ぎ、都市と社会の多様性、多元性を掘り下げた。自由主義の学風を歴史の世界で開花させた貴重な歴史的存在といってよいであろう。

今井登志喜はまた、多くの人材を輩出している。村川堅太郎、堀米庸三、林健太郎、尾鍋輝彦、池島信平など、いずれもその門下生である。

戦後はマルクス主義史学の復活で、ジャーナリズムでは、羽仁五郎や石母田正、遠山茂樹などが大流行であった。それに対してアカデミズムの方は沈黙を守ることが多かったが、今井登志喜も一度だけ口を開き、『展望』誌上で「ソ連社会と文化」と題し、ソ連のような一元的社会では文化は発達しないと簡潔に明言したことがある。石田英一郎の発展段階説批判と共に忘れがたい印象を残した。

二十一世紀の史学論を

この法則性の認識と個別的認識とは歴史に対する二つの、しばしば相反的な方法として別個に提出されてきた。しかしこの両者を関連せしめることなくしては、歴史の問題は解かれることがない。

（林健太郎『史学概論』有斐閣、一九五三年）

林健太郎は、今井登志喜門下の西洋史学の優等生であった。戦時中、京都学派の『世界史の哲学』を唯物史観の立場から批判したことは有名だが、戦後は次第にマルクス主義を離脱し、ソ連を先頭とする社会主義に疑問をもつようになり、そうした立場からの批評や歴史記述を精力的に執筆した。

『史学概論』はアカデミックな研究生活の最後のころに書かれた総決算的意味をもつ。唯物史観、新カント派、生の哲学の歴史理論を批判的に検討したすぐれた史学論で、今日まで、これを越える史学論は出ていない。林健太郎の文体は、鈴木成高のようにリズミカルなのびやかさはないし、また丸山眞男のようなホットな情熱を掻き立てる文体でもない。むしろ抑制的でクールで心理を沈静化させる傾向がある。

冷静で芯のしっかりした性格は、東大の文学部長として迎えた大学紛争で、一七〇時間に及ぶカンヅメ状態に耐えたことでもわかる。その剛直な性格を買われて東大総長、参議院議員といった道を歩んだが、その間も、リベラルで都会人の遊び心を失わなかった。

しかし、昭和史も終わった今日から考えると、『史学概論』につぐ著作が現れないことはいかにもさびしい。唯物史観、新カント学派、生の哲学といった十九世紀哲学の次に、実存哲学が歴史の偶然性を説き、精神医学が無意識の領域の重要性を説き、人類学が歴史の学問の空間的相対性を説いた。二十一世紀は新たな史学論を持たなければならない。

とぼけた戦略家

敵に寛容なことが平和に不可欠なことも、その外交から出てくる教訓であった。メッテルニヒの精神は現代にも力強く脈打っていたのである。

（塚本哲也『メッテルニヒ』文藝春秋、二〇〇九年）

塚本哲也は『毎日新聞』外報部の記者でながくウィーン特派員であった。彼がオーストリア留学生として本格的にドイツ語をマスターしたおかげで、彼のドイツ語は日本人として例外的にホンモノであり、抜群である。

政治部の記者として官邸記者クラブに詰めていたときに六〇年安保を経験し、安全保障条約を理解するためにはヨーロッパのNATOがわからなければ駄目だと判断してオーストリア留学を志したという。彼は万事スローモーであるが、マスターしたことには確実な判断を下し、名文を書く。七年前に脳出血で老人ホームに入った後も、千枚の原稿を書き上げている。

私などは、コミュニズムと全学連は駄目だと判断したのは高校時代、猪木正道氏の『共産主義の系譜』『ドイツ共産党史』『ロシア革命史』の三部作を読んだときである。のち、林達夫氏の『共産主義的人間』を読み、鮮やかな手法に感動した。東大時代、私と同学年だった塚本君をわが党派に誘うと「ボクが折角洞《ほら》ヶ峠を決めこんでいるのに勘弁してくれよ」という答えが返ってきた。水戸高の先輩江戸英雄が、彼の結婚の仲人を務めたが、江戸さんに最初に会ったとき、彼は次のように言ったという。「貴方のような田舎者がよく社長になれたね」。

彼はトボケながら戦略家なのかもしれない。江戸さんは三井不動産の社長として令名をはせた方であるが、塚本君をすっかり気に入ってしまった。

エピソードをもう一つ。ウィーンから帰ってきたとき、「ボクは日本の新聞は読みたくない。興味があるのは塩野七生だけだ」と言うので、塩野さんが日本へ帰ってきたとき、二人を会わせた。塚本は相変わらず、モタモタとして口ごもっていると、塩野さんは「塚本さん、女に何を贈ると喜ぶか知っている？　身につけるモノよ」。

テキはもう一枚上手だった。

歴史家の洞察の基礎

いつの時代にも世紀を画する人物、役者が生れる。（略）十九世紀も後半にはドイツ統一のビスマルク、共産党宣言のカール・マルクス、前半にはフランス革命後の長い戦争を続けたナポレオンと、その後始末のウィーン平和会議を成功させた本書の主人公であるメッテルニヒが華々しく登場した。

（塚本哲也『メッテルニヒ』文藝春秋、二〇〇九年）

著者の塚本哲也は一九六三年、オーストリア留学兼特派員記者としてウィーン、ボンに滞在した。『毎日新聞』記者として六〇年安保を国会担当として経験し、「ＮＡＴＯを知らないと安保はわからない」という結論に達したためだという。ナントモスローモーだが立派な判断である。彼はウィーン、ボンの街を通してドイツ語に習熟し、同時にヨーロッパの歴史のヒダを感じ取ることができた。

フランス革命とナポレオンにヨーロッパは二五年のながきにわたって苦悩を味わった。塚本哲也の三部作『エリザベート』『マリー・ルイーゼ』『メッテルニヒ』の生まれる発端である。塩野七生の『ローマ人の物語』に匹敵する物語である。時代を画す人物の伝記こそ歴史の核であり、華である。

『メッテルニヒ』は、彼が夫人に先立たれ、彼自身、右半身不随となり、左手でパソコンを打った産物である。全体は千枚の大作で、彼は渾身の力を振り絞ったのであろう。なぜなら、我々の生きた二十世紀も戦争と革命の世紀であり、その意味で十九世紀と似ている。メッテルニヒこそ保守政治家・外交官としてその教養と社交能力を傾けてナポレオンに抵抗し「会議は踊る」の演出家であった。

われわれは自分たちの時代を知るために、ヨーロッパに学ばなければならない。彼というジャーナリストを通じて、キッシンジャーを始めとした歴史家の洞察の基礎を知ることができる。ロシア、中国、ヴェトナムを理解するために歴史に還らねばならないのだ。

モンゴルの不思議

はるか南の低地にひろがる黄河農耕文明のひとびとからみれば、おなじヒトの仲間とはおもえなかったろう。しかも、馬にじかに乗っている。騎乗して風のように駆け、満月のように弓をひきしぼり、走りながら矢を放つ。——あれは、人ではない。と紀元前、黄河の農民はおもった。

（司馬遼太郎『草原の記』新潮社、一九九二年）

今日、モンゴルといっても、日本人は朝青龍以下の力士の顔しか思い浮かべないかもしれない。国技にもとるると力んでいると、日本とモンゴルの外交関係を見おとすし、さらに面白い歴史的視野を見失う。

モンゴルの歴史は、日本人の空想を妙に刺激するものらしい。かつて二十世紀の日本人は、二人の天才が早くからモンゴルに着目し、発想の原点とした。梅棹忠夫と司馬遼太郎である。

梅棹忠夫の場合は、『モゴール族探検記』（岩波新書、一九五六年）という、一般向きのフィールド・

ワークが大ベストセラーになった。

同世代の戦中派である司馬遼太郎は、旧制大阪外語大学のモンゴル科出身で、新聞記者を経て直木賞受賞の歴史小説家としてデビューしたが、最後に書きつづけた『街道をゆく』の番外篇のように、死ぬ直前、『草原の記』というみごとな随筆を書いた。司馬遷に憧れた司馬遼太郎の、歴史に対するホンネの回想である。

この二人は、どちらも自分の領域で独創的な仕事を残したが、同時にそれを越えて、モンゴルを介して、世界史のイメージを膨らませた。それは歴史の専門家にはできない想像の飛躍を含んでいた。

ところで、杉山正明『モンゴル帝国の興亡　上下』（講談社現代新書、一九九六年）も、モンゴル史をまったく新しい視野で見直した世界史像の試みとして斬新である。これまで漢民族からの記述が多く、あるいはヨーロッパでも、モンゴルに征服された国々の意識が反映した記録が多かったため、モンゴルの世界支配の寛容さが素直に見えてこなかったのであろう。これからのアジアを考えてゆく上で、三冊の書物は基礎的重要性をもつ。帝国としての中国が、周辺の文明に対して、どのような折り合いをつけるのか。ヨーロッパ中心、アメリカ中心の世界史像の修正も、アジア史像の修正と共に落着くのかもしれない――。

新しい世界史の構想

現在私たちが学び、知っている世界史は、時代に合わなくなっている。現代にふさわしい新しい世界史を構想しなければならない。

（羽田正『新しい世界史へ』岩波書店、二〇一一年）

昔、羽田亨という『西域史研究』の大家、そして、京大学長を務めた方がおられた。羽田正という名はその縁戚の方だろうか。私は羽田亨学長の学徒出陣の学生に贈る言葉「征きたまえ、そして帰ってきたまえ」という言葉に感動した。当時として「生きて帰ってこい」という表現は精一杯の抵抗だったろう。また、西域史研究は歴史の起源、世界史を構想するのにもっともよき刺激を有する場所であることは宮崎市定氏の述懐にも現われている。

その縁戚かもしれない方が、新しい世界史を論ずるとは、ワクワクする出来事である。「すべての歴史は現代からの歴史」(クローチェ)だとすれば、歴史叙述は各世代ごとに書き変えねばならない。それぞれの時代が変化・変貌してゆくからである。

本書は国民国家を超え、ヨーロッパ中心史観を超えた地球市民のための世界史の構想である。これまでの世界史の限界を超え、中心と周縁、関係性と相関性を考慮した歴史、環境史やモノの世界史を含めた新しい世界史の提唱である。

上原専禄、岡田英弘、杉山正明といった先達たちの野心的書物を視野に入れた検討であるが、ひとつだけ気になる点は、世界史を高校の教科書としての世界史ではなく、もう少しレベルを上げて歴史を考えてほしいことである。

戦前の日本では、さまざまな制約があったものの、歴史は歴史哲学と世界史の立場として模索されていたのである。〝世界史的立場〟も、〝近代の超克〟も、そうした意図を含んでいたことを理解してほしい。

李陵——中島敦から護雅夫

こうして、北アジアは冒頓《ぼくとつ》のもとに一つの世界を形成することとなった。これ以後の二千年有余にわたるアジア史は、この遊牧世界と農耕世界との対立・抗争のみならず和平・交易、さらに前者による後者の征服など、両世界間の複雑な絡《から》み合いの中に展開してゆく。中国史だけの研究からは、アジア史はいわずもがな、中国史そのものさえも十分には明らかにし得ぬ所以はまさにここにある。

（護雅夫『李陵』中公叢書、一九七四年）

さすが、中央アジア史を専攻し『古代トルコ民族史研究』の著書のある護雅夫だけあって、中国史の根幹を押えている。これまでの中国史を漢民族の歴史として見ていたから、夷狄《いてき》として正体不明の種族に見えていたものが、遊牧民族対農耕民族と捉えることでスッキリ全体が見えてくる――。

中島敦の『李陵』は文芸作品として絶品であるが、護雅夫氏はアジア史専攻の史家として李陵を考え直し、李陵の悲劇の背景を遊牧民族〝匈奴〟国の強大化、武帝の漢国と拮抗する存在として捉える。

武田泰淳の『司馬遷――史記の世界』は、李陵を弁護して宮刑に処せられた司馬遷を描いてあます所がない。冒頭の「司馬遷は生き恥をさらした男である」の一句はあまりに有名だが、武田泰淳が生涯にわたって書いたどの文芸作品もついに『司馬遷』を超えることはできなかった。このことは定説であるが、私もそう思う。

漢の武帝＝李陵＝司馬遷の三人の関係をどう見るか、どう解釈するかで世界の見方が変ってくる。偉大な作品はそうした悲劇を抜きにして考えられない。受験から学問研究までヌクヌクとした現代人は、「悲劇の誕生」から「名作の誕生」までを考え直す必要がある。

モチーフ、レトリック、表現、発想、構想、いずれも作者の人生体験に基いているし、基かないものはない。名作といい、古典というものも人生体験の記録の結晶として生み出されているのだ。

和辻哲郎の倫理学

> **我々は倫理という言葉によって表現せられたことの意味を問うている。そうしてその言葉は我々が作り出したものでもなければまた倫理学という学問の必要によって生じたものでもない。それは一般の言語と同じく歴史的・社会的なる生の表現としてすでに我々の問いに先だち客観的に存しているのである。**
>
> （和辻哲郎『人間の学としての倫理学』岩波全書、一九三四年）

和辻哲郎の『人間の学としての倫理学』は、本論『倫理学』の序説に過ぎないが、これだけ独立して読んでも文句なく面白い。私は中学時代に読んで興奮がいつまでも収まらなかった。倫理、人間、世間、存在と、日本古来の言葉を新しく解釈してみせたに過ぎないが、その言語解釈の見事なこと、その巧みさに圧倒されながら読みふけったものである。

昭和十（一九三五）年は、和辻にとっても、日本の哲学界にとっても、次々と名作が生まれていった全盛期である。三木清は自らの『哲学的人間学』をこの本の出現で取り止めた形跡がある。当時は哲学界が競って新作を発表する時期であった。このころは和辻自身『風土』『孔子』『人格と人類性』など力作を立てつづけに発表している。

本書はこうした雰囲気の中から生まれ、同時に年来手がけてきた精神史研究の方法を生かした書物である。それまでの個人主義的心理学的精神科学を根本的に批判し、人間存在から倫理学を再構築している。本論での家族、親族、地縁共同体、経済的組織、文化共同体、国家という人間集団の考察は個人を越えた人間社会の多様な組織に重点をおき、豊かな学殖でじっくりと同時代の人類学、精神史などの成果を取り込んでいる。

フォイエルバッハ、マルクス解釈も正確である。和辻倫理学体系が、戦中、戦後を越えて生きつづけてきたことの大きさは、同時代人は改めて考えてみる必要がある。せわしい世間の雑音にかまけてはなるまい。

移り気な世相　社会の真理

山鹿素行の語に『凡そ物必ず十年に変ずる物なり』といふのがある。前著『日本精神史研究』を刊行してからの十年を思ふとまことにその感が深い。前著の現はれた頃にはマルキシズムの流行が急激に高まりつつあった。然るに今は『日本精神』の聲を聞くこと頻りである——。

（和辻哲郎『続日本精神史研究』岩波書店、一九三五年）

こう和辻哲郎は述べて、移り気な世相を皮肉り、私の研究は「日本精神」の研究ではなく、日本の「精神史」の研究であると明言している。彼の目指したものは、ブルクハルトの文化史、ディルタイの精神史に近いものであったろう。

和辻哲郎の面白さは西欧のギリシア・ラテンの研究を進めながら、インド、シナ、日本の思想史、文化史の研究を深めていったことであり、その若々しい情熱と集中力・持続力は他に例をみないほどの精進といえる。

同世代の九鬼周造の『「いき」の構造』などは和辻哲郎の仕事振りを見て、それに対抗した鬼手であったといえるかもしれない。自らの思想の体系化は、九鬼・和辻の世代までで、昭和に入ると、三木清も小林秀雄も、走り書、覚え書、断片といった性格を濃くしてゆく。

それにしても、戦前の日本社会の左から右へと揺れた世相は、戦後にもより大規模に繰り返されている。最近のナショナリズムの復活と右傾化は日本をどこに引張ってゆくのだろうか。山鹿素行の「凡そ物必ず十年に変ずる物なり」という著者の引用した文章は、古今東西を問わず萬古不易の人間社会の真理なのだろう。風潮に惑わされるべきではない。

「東京人」求め、嚙みしめた「粋」

垢抜して　張のある　色っぽさ

（九鬼周造『「いき」の構造』岩波文庫、一九七九年）

九鬼周造の独創的な著書『「いき」の構造』の「いき」の定義を訪ねて、難しい哲学上の議論や論理を抜きにして考えると、右のような言葉になる。〝垢抜《あか》して〟は洗練された、〝張のある〟は意地を張る、〝色っぽさ〟は媚態《びたい》である。と九鬼はさらに漢語的解釈を添えている。

花柳界の芸者衆の形容句である「いき」（粋）を哲学的考察の対象としたというだけで、大学の先生方の度肝を抜いたであろうが、その小著が今日まで生き残って、日本文化論の古典となっているとは、当時の人々も想像しなかったであろう。

しかし、九鬼水軍の末裔《まつえい》、九鬼隆一男爵という明治美術行政の大立者と京都の芸妓《げいぎ》の間に生まれた九鬼周造には粋を問題にする必然性があった。母の岡倉天心との不倫と家庭崩壊、さらに死んだ兄の嫁との結婚の破綻《はたん》、八年に及ぶヨーロッパ遊学とパリでの遊興に日を送った九鬼周造は、「いき」の構造を研究テーマにすることで人々の意表を衝き、祇園に通いつづけることで、内なる虚無に耐えた。彼は「いき」な小径を生きたのである。

私は雑誌『東京人』を編集している間、都会人、都会的なものを求めて、九鬼さんのこの言葉を嚙《か》みしめていた。江戸小紋の染色を家業とする内儀が、ある席上で『京の雅《みや》びと江戸の粋』という言葉を念頭に仕事をしています」と語った。また江戸時代の商家の内儀衆の言葉として、「粋は嫌だね、野暮がいいね」と語り合っていたという。〝粋〟の種々相であろう。

不思議な書物

いきとは、垢抜けて、張りのある、いろっぽさである。
（九鬼周造『「いき」の構造』岩波文庫、一九七九年）

パリに八年間も滞在して帰国しなかった九鬼周造は、パリの魅力に酔いしれていた。パリにはベルクソンも、ヴァレリーも、美術も娼婦もすべてがあった。友人たちは何とか京大に迎えようと努力したが、頑固な反対者（田辺元か？）は九鬼の考えているのは「道楽者の哲学ではないか？」と疑問を呈したという。天野貞祐など友人たちは西田幾多郎らの承諾を得たのだろう。帰国した九鬼は祇園で盛大に遊びながら、『「いき」の構造』という不思議な書物を書いた。おそらく今後とも類書は生まれぬことだろう。『偶然性の問題』を生涯の主題とした九鬼は、この主著で高度に厳密な偶然性を問題としたが、より解り易いのは『人間と実存』で、偶然性と人間、歴史の根源的な関係を指摘している。これは戦後になり津田左右吉も力説したが、偶然性を認めぬ歴史必然は、人間の自由を抹殺する。九鬼は、ヴァレリーに倣ってもっとも少ない文章の中に、厳密な思考を展開した。みごとという他はない。

ハイデッガーの『存在と時間』を翻訳した場合、九鬼と和辻哲郎では言葉が異なってくるが、二人の解釈はそれぞれに意味をもっている。特に九鬼の訳語である実存（Existenz）とは、二十世紀の人間の根本を衝いている。

しかし、九鬼と和辻は友人として、同僚として、相互に認め合っており、九鬼による和辻の〝間柄〟の倫理学評価も高いが、和辻の九鬼への紹介文もこよなく美しい。かつて日本の哲学にこうした世代が存在したことを、日本人は自らの誇りとして忘れてはなるまい。

波多野精一のアガペー

吾々人間にとって「ある」は「生きる」であり、生きるは自己主張である。しかも他方においてこの生は他者への生であり、他者との交わりにおいてのみ成立する。人間的存在の全体を支へる根源的生においては主体の対手として向うに立つ他者は実在的他者であり、それとの間柄は直接性である。

（波多野精一『時と永遠』岩波書店、一九四三年）

波多野精一の宗教哲学三部作は圧倒的な迫力をもつ世界的な作品である。とくに最後の『時と永遠』は絶品である。通常の愛――エロースに対して、まったく異なる信仰の世界での愛アガペーは、他者実現を目指す独特の理念である。エロースが人間の文化的次限での愛を実現するとすれば、波多野の強調するアガペーとは、信仰の世界での他者実現の論理である。

個人主義的心理学が、自己実現としてのエロースを中心的価値とすれば、アガペーは価値を逆転させて他者を、絶対的他者を志向する。他者実現こそ、人間の世界の究極の論理である。波多野は森鷗外の「かのように」の元である、ファイヒンゲルの Als ob の哲学を徹底的に排斥する。その口調は断固としてすがすがしい。

波多野は早くからケーベル門下生として正統的な西洋思考を身につけた。『西洋哲学史要』『基督教の起源』は初期の名著として日本の哲学界の基礎的図書目録である。西田幾多郎、深田康算に招かれて早稲田から京大に移った。京大哲学科の創始者の西田は、波多野、田辺元、和辻哲郎、九鬼周造と日本の若い思想家を次々と京大に呼んだ。西田はこうした人々と生涯対話を忘れなかった。

京大哲学科は、不幸にして戦争とぶつかってしまったが、それでも日本の知的風土の中に体系的思考を育てた。波多野の宗教哲学は和辻、九鬼、あるいは三木清を含めて、京大哲学のピークを形成している。波多野はクリスチャンだったが、彼の体系は神学ではなく宗教哲学であり、誰しも親しめるユニークな世界である。

価値判断の根拠を問う

常識が哲学に要求し期待する所は、（略）常識の規準が其効力を失ひ価値の判断が方向を喪失する如き非常特別の危機に際しても、価値の顛倒から新しき価値を創造し、相対的なる規準の喪失に於て絶対的なる規準を獲得せしむる如き叡知たることにある。

（田辺元『哲学と科学との間』岩波書店、一九三五年）

田辺元は、とかく批判されがちだが、数理哲学から始まった彼の体系は大きな影響力をもち、よく読まれた。また西田についで存在が大きく西哲叢書の監修者でもあった。また、西田なきあと、その発言は、『政治哲学の急務』『哲学入門』『実存と愛と実践』など、日本の思想界の方向を定める力をもった。

『哲学と科学との間』も小冊子ながら、当時の話題の中心を扱い、三木清の『哲学入門』などと同様、常識と哲学と科学という三題噺をもっとも解り易く説いたもので、今日でも通用するものを含む。戦後の哲学不在と比べて、当時の水準の方が高い。世界観と世界像、科学政策、量子論、物理学と、当時の話題をよく拾っている。新しい科学を哲学する存在が現われなければならない。

動物と植物、生物の生態、物理学や化学、人類、宇宙、たくさんのテーマが今日でも転がっているのに、問題の核心を提起する存在がいない。ノーベル賞に頼っているだけでは、学問の進歩はない。学問自体が方向性を失っているとしか考えられない。

自然科学に対して、社会科学、人文科学の世界でも同様。大学の学科が何を志向しているか解らぬものが多い。

田辺元のように無骨な思索者も、いまとなればなつかしい。老いて野上弥生子とラブレターまがいの往復書簡が出てきたことも微笑ましい。価値判断の根拠を問う習性を失うべきではあるまい。

昭和の思想界のチャンピオン

人間の生活に於ける日常の経験はつねに言葉によって導かれてゐる。普通の場合ロゴスは人間の生活をあらかじめ支配する位置にある。

（三木清「人間学のマルクス的形態」一九二七年）

三木清は京大を追われたものの、ヨーロッパから帰国後、『パスカルに於ける人間の研究』と『唯物史観と現代の意識』の二冊によって、昭和の思想界のチャンピオンになった。まず、人間学という言葉自体が斬新だった。次にマルクス主義にも人間学的形態などあるのかと当時のインテリ青年たちは驚いたという。

小林秀雄、横光利一が文壇で圧倒的な力をもちはじめたころ、それと同じほどの力を論壇でもったのが三木清である。このことは三木清が昭和二十年に死ぬまで変らなかった。それほど同時代に影響力をもったといえよう。

『人生論ノート』『哲学ノート』などは当時の流行になったが、それは同時代が不安の時代として、走り書、覚書、ノートといった言葉を流行させたのだろう。

それはそれまでの教養主義の体系思考とは異なる流れになっていた。晩年の『構想力の論理』などはそうした語り口でありながら、ある落ち着きを獲得して重厚である。それだけに無防備なヘマのため、下獄した挙句、獄死してしまうという最期は惜しまれてならない。三木清が戦後に生きていたら、何を語ったことだろう。『共産主義的人間』を書いた林達夫のように保守的になったかもしれない。

三木清の言葉

真理は万人によって求められることを自ら欲し、芸術は万人によって愛されることを自ら望む。

（「読書子に寄す——岩波文庫発刊に際して」）

三木清は、哲学界の先輩たちに愛されながら、人妻とのスキャンダルを起し、大学に残れなくなった。岩波茂雄はその才能を買って三木清を留学生としてヨーロッパに派遣する。『パスカルに於ける人間の研究』が処女作だが、この本のために、「人間の研究」は流行語になった。次の『唯物史観と現代の意識』では論文の表題に『人間学のマルクス的形態』とあり、「そんな発想があるのか」と話題になったという。岩波文庫の発刊の辞は第三番目の文章だと思われるが、これで三木清の評判はすっかり定着したものとなった。

『社会史的思想史』（岩波書店）は林達夫、羽仁五郎、本多謙三との共著で「これからの歴史はすべて社会史的思想史でなければならぬ」という主張を伴ったものだが、内容的には、世界史の発展の構図を試みたものといえよう。

岩波文庫の発刊の辞は、いわば広報活動だが、三木清はこうした活動をサクサクとやってのける能力をもっていた。これで三木清のメディアにおける評価は、定着したといえるかもしれない。

ここで注意すべきは、それ以前の世代は、西田、波多野、田辺、和辻、九鬼などいずれも自己の思索の体系化を考えていたことである。ところが〝不安の時代〟（シェストフ）に入ってからの世代は、走り書、覚え書、ノートといった表題のものが多い。中野重治の「芸術に関する走り書的覚え書」にはじまる。小林秀雄の文章も、それは体系とはいえない。三木清も『哲学ノート』『人生論ノート』『哲学入門』『構想力の論理』等、いずれも覚え書風のものが多い。これは時代の性であろう。

昭和の時代は、三木清、小林秀雄、横光利一、川端康成など、その気分、志向を摑えることで、その時代を語ることができる気がする。第一次戦後派を含め、大岡昇平、武田泰淳、野間宏などもその中にのる。丸山眞男も含めてよいかもしれない。思想史の面白さといえよう。

ナチズムは、何故起ったか

ヒットラーの所謂「国民の魂の売春化」として、生命の普遍者への捨身といふ宗教的精神に最後の根を持つ犠牲への情熱が、宗教の漸次的無力化と共に自然法的理性への情熱に転じ、更にこれが冷却すると共に合理主義は功利主義によって内面から蝕まれ、功利的合理主義の小市民精神に変質して来た経路を述べた。

（西谷啓治『根源的主体性の哲学』弘文堂、一九四〇年）

西谷啓治は、いわゆる京都学派のひとりだが、昭和十五年に公刊された本書はもっとも高く評価された書物である。後半にナチズムへの限界と批判も書かれているが、『わが闘争』に出会ったときの驚きもナマな声として入っている。ヨーロッパ近代の功利的合理主義、無神論への傾斜を「国民の魂の売春化」と表現していることは、今日の日本の状況に照らしてみても、示唆的である。

われわれは確乎とした信仰をもたなければならない。その道は、まだ西欧でも、日本でも説得的に語られていない。敗戦直後に、バルト、ブルンナー、ニーバーといった人々が出現したのだが、その声は継承されることなく、デモクラシーとテクノロジーの発展だけが視野を占めてしまった。

インターネットの世界もそうした系譜の中の産物である。人間は歴史的な存在として、神との対話を回復すべきだろう。幸いなことに、日本は、神道、仏教、儒教、道教の経験をもっている。その経験を現代に生かさなくてはならない。戦争と革命という二大幻想に躍らされた二十世紀も終った。テロリズムと覇権の問題は残ったが、世論の動向を見つめてゆけば、おのずから解答は出てくる。オバマのアメリカが、ヒロシマ、ナガサキに痛みを感じていることは貴重なヒントである。

豊かさをどう位置づけるのか、が問われている。人間社会は経済成長だけを追っても解決のできない問題を抱えている。日本社会はその意味でも先進国といえるだろう。ナチズム、ポルポトも、負の遺産として、もう一度洗い直してみる必要があるだろう。日本ミリタリズムも考え直すべきだ。象徴天皇制をどうひとりひとりの内部の問題として位置づけるのか、これも二十一世紀日本人に残された課題である。

日本の国家学の水準

一般国家学の対象は実在する国家制度一般である。

（尾高朝雄『国家構造論』岩波書店、一九三六年）

この際、戦前の一九三〇年代に流行した国家学に就いて述べておきたい。戦後、丸山眞男が〝政治学の国家学からの独立〟を唱えて以降、国家学は戦犯のような扱いを受け、活字の世界から消えてしまった。

しかし、一九三〇年代の国家学は〝皇道哲学〟のようなファナティシズムだけではない。二十世紀の思想史に記録されるべき、国際的名著が日本にも存在した。その代表的書物が尾高朝雄の『国家構造論』である。尾高は、E・フッサールの下に留学し、その影響下で、一九三六年、この書物を書き、戦後、一九四八年、一言一句の修正もなく、重版されている。

政治学は国家学と共存し、相互に助け合うものでなければならぬ。丸山氏が、蠟山政道氏の『政治学原理』を排斥したのは理解に苦しむ偏見である。大内兵衛の『経済学』のようなのがよいという言葉を直接聞かされて唖然とした瞬間をいまもよく覚えている。結局、丸山氏は人民戦線の論理を抜け出せなかったように思う。

国際社会の圧力が圧倒的な今日でも、社会団体としての国家の特性、総合性は変っていない。その意味で憲法を〝国のかたち〟として考え、国家構造として捉え直すことが求められている。尾高朝雄の『国家構造論』はその出発点に立つ画期的な名著と考えて間違いない。

多元的国家論

国家は全社会でもなく萬能なるものでもない。
一方の見る所によると、国家はあまたの社会の中に於ける一の社会である。
他方の見る所によると、国家は階級支配の波に浮かび出る一泡沫である。

（高田保馬『国家と階級』岩波書店、一九三四年）

高田保馬氏は戦前の日本で経済学と共に社会学で業績を残したすぐれた社会科学者であった。その時局的発言がナショナリスティックだということで戦後、大学を追放された。しかし、神保町の老舗で昭和三十年代、本書が二万円の高価を呼んでいたことでその評価がわかるだろう。

高田保馬は昭和初年代、精力的に唯物論的国家論を批判した。しかし、国家が万能だというのではなく、多元的国家論という近代的国家観に依拠していた。多元的国家は正しくは、多元的社会に基く国家観の意味であって、国家は万能ではなく、さまざまの社会組織のひとつだという考え方で、これは戦後になっても通用していた近代的思考であった。

高田氏はマルクス主義者として福本和夫、河上肇を論争の相手として選んでいるが、時代の流れを想わせる。

思考の流れとしては、法哲学の尾高朝雄の『国家構造論』の方がすぐれている気がするが、高田保馬の場合、やはり、ヨーロッパの多元的国家論に拠っているところが、強味なのであろう。戦後くり返されたマルクス主義と近代派の論争も、大勢として戦前のくり返しであり、いまにして思うと、われわれも空しい空気に引っ張りまわされたものだと思う。

しかし、議会もジャーナリズムも、公開の席上で、公衆に対してオープンであること、結論を公衆自らに選ばせることが決定的に重要である。日本人は自らの思想史を再構築しなければならない。とくに戦争への道を歩んだ昭和史の経験をくり返し反省してみる必要がある。まだ決定的な昭和思想史は書かれていない。

「多数が決定する」という命題の批判

特に友と敵との実存的な区別に対しては、技術的な特別の知見や技術的な専門知識の細目は、権限付託のある技術的専門家によって、決定的瞬間に解決されるに違いなく、それらは投票権者の大衆が扱いきれる問題ではない。

（カール・シュミット『憲法理論』尾吹善人訳、名著翻訳叢書、創文社、一九七二年）

C・シュミットの名前は、一九二〇年代から戦後にまで持続している。その社会関係を、友か敵かに二分する政治論はナチズムを含めて、一九三〇年代にもっとも有名になった。その影響力が戦後にまで及んでいて、今日でも話題から消えないのは、その鋭い論争的な思考の有効性を物語る。彼のパルチザン理論や帝国主義論は今日でも読者を考えこませる。この一九二七年に初版の出た『憲法理論』が戦後も無訂正で出版されていることが彼の思想の客観性を語っている。

ナチスも日本の軍国主義も勝者の裁判で片づくものではない。文明が野蛮を裁くことができないように、左右の全体主義がわれわれ現代人の内部に潜んでいることが問題なのである。H・アーレントが全体主義を批判したように、我々は抑制的でなければならない。しかし、同時に現代人が友敵理論に正面から向き合うことなしに、抑制することもできない。C・シュミットの面白さを十分議論できるような雰囲気を維持することが重要である。日本でも、米欧でも不十分で思考の自由が生かされていない。

国法学から国家学までを政治学と併せて二十一世紀の理論を構築することが要請されている。後藤新平とC・ビーアドのような政治家と学者の、国際間の対話が生れなければならず、今日はその対話が可能になってきている。個人は小成に甘んじないことだ。

人種崇拝の起源

自然現象と文化現象との間には真の類似は存在せず、人間文化は特殊な方法と原理に基づいて研究されなければならない。そしてこの研究にとって、人間の言語――そのなかに人間が生き、行動し、また存在しているような要素たる――より以上に好都合な手引きがありうるであろうか。(中略)神話の研究にとって唯一の科学的な探究方法は、言語学的なそれだということである。

(エルンスト・カッシーラー『国家の神話』宮田光雄訳、名著翻訳叢書、創文社、一九六〇年)

E・カッシーラーはジンメルの系統を引く主流の哲学者、宮田光雄は若くして西独に暮らした本格派の政治思想史家である。ハイデッガーやシュミットのように〝危険な〟思想家ではない。E・カッシーラーは本書において、カーライルやゴビノーを辿りながら英雄崇拝が人種崇拝に至る経路を明らかにしている。ニーチェを論じなかった欠点はあるが、合理主義の立場から、プラトン、マキアベリ、ゲーテなどの巨匠を論じ、その該博な知識に圧倒される。これだけの正統な学者がナチズム以後も健在だったことは銘記すべきだろう。

彼はナチが政権をとると自らハンブルク大学の総長を辞任し、亡命してスウェーデンのイェテボリ大学、アメリカのエール大学の客員教授となるが第二次大戦の勃発でヨーロッパに帰れなくなる。この間『認識問題』や『人間』（宮城音弥訳）の著作があり『象徴形式の哲学』体系を完成する。本書は晩年の著書として、最後の著作である。ナチズムの没落を予言した彼は一九四四年死去、結局、戦後の世界を見られなかったが、戦後の哲学に影響を与えた一人といえよう。

一九四六―五〇年代に戦後のアメリカがもっとも輝ける時代だったことは、哲学そのものを追放してしまった日本とは大いに異なる。今後とも日本はその系譜に参加してゆくためには、新世代も新たに対話を試みてゆく必要がある。

神話はギリシアでも日本でも歴史のなかに生きている。合理主義や実証主義では神話の面白さや真実は摑めない。神話の寓意は歴史の根源を語っている。ユートピアニズムはその根源を語る方法といってよいかもしれない。

国家を考える

もとより、国家権力の存在は権力核の政治的連帯性なしには考えられないのである。しかし、権力核がそれ自身の価値および意志の共同性を支持者および反対者に対して、説得または強制によって実現することによって、はじめて、国家権力は成立するのである。

（ヘルマン・ヘラー『国家学』安世舟訳、未來社、一九七三年）

ヒトラーより二歳下に生れたヘラーは、四十二歳で死んでいる。ながくさまざまな大学をさまよった彼は理論と現実を一致させ、生き抜いた思想家であった。社会民主党（SPD）に入党した彼は、ユンカー（保守的土地所有者）と社会主義的労働者組合の共同体を志向した。しかしまた、ナチスや国粋党に断乎反対した彼はナチスが政権を取ったとき、英国のオックスフォード大学におり、心臓発作を繰り返し、そこで死んだ。

ヘルマン・ヘラーの生涯は、独裁に反対する立場から同時代に常に語りかけ、対話しつつ自らの思想と体系を形成していった少数派の良心的な存在だったといえるだろう。思考と行動がつねに乖離せず悪戦苦闘に耐えることで、自らの思想体系を構築していった。ナチスという大浪は全体を呑みこんでしまったが、ドイツの名誉のためにも、ヘルマン・ヘラーのような存在は記憶されねばならない。

彼の国家学も、いまの観点から再考してみる必要がある。日本人の場合、占領と新憲法が一緒になり、さらに日米同盟と自衛隊が一緒になったため、国家そのものが抹殺されてしまった感がある。その点は憲法を棚上げして基本法をつくった西独の方が賢明であった。日本は、国家という存在、統治という行為までがかすんで見えなくなり、政治指導者を見る眼がなくなってしまった。

政治が国家学から自立する（丸山眞男）という命題は多くの誤解を生んだ。戦争に負けた日本を卑下することで、国家を考えることを忘れてしまった日本人の発想は直さねばなるまい。海外派兵や海賊排除も辛うじて日本の特殊性を守ってくぐりぬけてきたが、国家や法の存在を正面から見据えなければ、日本の今後の在り方も議論できない。

政治と政治学の不思議な関係

わが国近代政治学の始祖ともいうべく、後に東京帝国大学の名総長として令名を馳せた小野塚喜平次は、明治三年一二月二一日、新潟県越後古志郡長岡町大字上昭町一三番地で、父平吉、母喜久の間に、その長男として生れた。
（南原繁・矢部貞治・蠟山政道『小野塚喜平次　人と業績』岩波書店、一九六三年）

貴重な本である。吉野作造だけがメディアの中心となりながら、小野塚喜平次のことはせまい範囲の人々にしか知られていない。矢部・蠟山・南原という三者によって書かれた本書はながく残ることだろう。有名な長岡生れの小野塚は、河井継之助や山本五十六の流れの中にある。昭和初期、日本の政局がもっともデリケートだったころ、名総長として道を誤まらなかった貴重な存在。河合栄治郎も若いころ、小野塚からいろいろ示唆を受けている。

平民生れの家柄だったためか、新渡戸稲造の「武士道」ともちがい、福沢諭吉を好んだという。昭和二十年、戦争中の死で、ながく忘れられた存在だったが、実質は吉野より、新渡戸より実力をもっており、ながい間、政治と政治学の間を穏やかに生き抜いたといえよう。

歴史はつねにメディアによってアクセントをつけられる。小野塚の場合を考えることはそれ自体メディア批判をも生むことだろう。吉野作造そのものではなく、それをあまり英雄視したことが、戦後の政治史・政治学史をゆがめたといえるかもしれない。矢部・蠟山・南原の三人の存在もそれぞれに微妙である。矢部貞治が近衛文麿に近く、蠟山、南原はそれぞれ、ユニークな道を歩んだ。三人が一緒に彼の伝記を書いたことも意外な側面をもっている。

個人の関係は他から伺い知れない微妙な面がある。蠟山は河合栄治郎に殉じたが軍部の推薦を受けた。南原はナチズムを正面から批判した先見性をもちながら、戦後の全面講和論、アメリカ教育使節団への対応で問題を起した。政治と政治学の間の不思議な関係といってよいかもしれない。未来を読むことの難しさであろう。

〝新しい哲学〟とナチズム

マルティーン・ハイデガーの政治的行動を解明することは、何もかもひっくるめて貶めることを目的にしてはならないということである。
（ユルゲン・ハーバーマス「ハイデガー――著作と世界観」、ヴィクトル・ファリアス『ハイデガーとナチズム』山本尤訳、名古屋大学出版会、一九九〇年）

M・ハイデガーに就いては戦後早くからナチスとの関係が問題とされてきた。最初期ではK・ヤスパース、三木清がハイデガーに批判的だったことが語られていた。ハイデガーがナチス政権下でベルリン大学総長に就任し大演説をぶっているからである。

しかしそれまでベルンシュタイン、ローザ・ルクセンブルクからグラムシに至るまでの左派コミュニズムは、やはり反体制的気分を形成していた。第一次世界大戦での敗北が厖大な賠償支払いに直結し、ワイマールの形式的教養市民層の美辞麗句は無内容となり、社会はバラバラとなり議会は解決能力を失っていた。

ファシズムとは「束ねる」という原義があるという。ヒトラー、ゲーリング、ゲッベルスの組織力と宣伝力はワイマールに対して〝新しい哲学〟を提供するかに見えた。『存在と時間』を二十歳代で書き上げた哲学者に、ニーチェ以来のニヒリズム克服の道を期待したのであろう。アウシュヴィッツのユダヤ人虐殺が暴露される以前のことである。

このナチズムに対して真正面から批判を展開したのは東大の南原繁の『国家と宗教』であろう。尾高朝雄の『実定法秩序論』は客観的分析を示し、京大の西谷啓治は好奇心を以て、ナチスの台頭を語っている（『根源的主体性の哲学』）。

最近では全体主義批判の急先鋒であるH・アーレントが、ハイデガーと不倫関係にあったことが報じられている。日本の哲学者は「大工の不倫」と変ったことではないと無粋な評価をしたが、私には、二人がどんな会話をしたのか興味津々たるものがある。

賢者の残した言葉

最も必要なものだけの国家は、如何なる社会改造の試みにも堪へて、兵乱のあとにも、自然の脅威のうちにも、依然として残されてあるのを私たちは見るであろう。戦に敗れても、国が亡びても、この共同関係は依然として存在するのである。

（田中美知太郎『善と必然との間に――人間的自由の前提となるもの』岩波書店、一九五二年）

この論文は、空襲で顔面、両手に大火傷を負い、瀕死の重傷の中を彷徨いながら、やっと回復に向かった哲学者・田中美知太郎が、指の間に鉛筆を挟み、辛うじて文字を書き進めたいわくつきの文章である。

国家悪とか国家の死滅が問題となっていた敗戦直後の世相の中で、敗戦で滅びたのは奢侈国家であり、〝最も必要なものだけの国家〟である、人間の共同関係としての国家は残ると明言したことは、田中美知太郎の真価を十二分に示したものである。プラトン研究を生涯の仕事とされた文献学者であった田中美知太郎は、半面、痛烈な時代批評家であり、警世家であった。

日本の戦後（一九四五年）以後、二十世紀後半に生きた日本の賢者たちは、田中美知太郎も、司馬遼太郎も、独自の国家観をもち、共々、国家の意味を考えつづけ、説きつづけた。皇室参与であった小泉信三も含めて、『文藝春秋』の巻頭随筆の筆者でもあった。この賢者たちは、戦後日本に流行した進歩派に同調せず、急進派、過激派に動じなかった醒めた人々だった。

戦後日本を、安土・桃山以来、日本人の自然で自由なエネルギーが解放された時代として、もっとも高く評価したのは司馬遼太郎であるが、その司馬遼太郎も晩年説きつづけたのは〝このくにのかたち〟だった。

司馬遼太郎と同年に亡くなった国際政治学者の高坂正堯は、はるかに若い世代であったが、成熟した賢者であった。その高坂は、国家を〝権力の体系〟であり、〝富の体系〟であり、〝価値の体系〟であると語った。

最近の憲法改正論議は、時代の流れとして、相当の根拠をもっている。しかしその論じられ方が、どうも騒々しく、党派性だけが表面に出がちなのが気にかかる。もう少し、現代日本の賢者たち、歴史の流れに静かに耳を澄ます姿勢が必要なのだろう。

正義か秩序か

「ある自由主義者への手紙」（『世界』昭和二十五年九月号）

セオドア・ローズヴェルトがある時メリアム（政治社会学者）に「秩序《オーダー》と正義《ジャスティス》のどっちかを選ばなければならなくなったら、私はいつも秩序の側に立つだろう。あなたはどうですか」ときいたときに、メリアムは「恐らく私は反対です、私は〝アメリカ革命の息子たち〟に属しています」と答えた。（略）もし万一、不幸にしてこの選択の前に否応なく立たされる時があったならば、その時は——僕はやはりメリアムに与する。しかしそれは僕の祖国がメリアムとちがって、革命の伝統を持たず、却って集会条例・新聞紙条例からはじまって治安維持法・戦時言論集会結社取締法等々の警察国家の伝統を持っているからなのだ。

（丸山眞男『増補版　現代政治の思想と行動』未来社、一九六四年）

この文章ほど、雑誌『世界』で読んだときに、魅惑された文章は少ない。旧友への書簡体の形式を採りながら、共産主義に一線を画すべきだという旧友への反論の形となっている。丸山眞男も戦後民主主義ももっとも若々しいころのことである。丸山眞男は何もかも心得ていて、共産主義者の欠点を十分承知しながら、統一戦線・共同戦線の急進主義の立場を主張する。そのみごとな言論にウーンと呻《うな》りながら、敬意を払いながら同調できず異論があってもその異論を構築することはかなり難しいと思った日々のことを昨日のことのように想い出す。

正義か秩序かは、おそらく永遠の政治学的テーマである。自由市場主義を謳歌《おうか》する経済学者たちの忘れてしまった語彙《ごい》であるが、ロールズの『正義論』は新しい社会理論・社会科学に深く永い影響力をもつことだろう。

巧みなアフォリズムで魅了

本書に一貫している議論の基調は、この世で美しいもの、価値あるものも、なんらかの代償なしには何ものも得られないという素朴な日常的英知の再確認にほかならない。本書の題名を『平和の代償』としたゆえんである。

（永井陽之助『平和の代償』中央公論社、一九六七年）

こう〝あとがき〟に記された本書は、一九六〇年代から一九七〇年代にかけて、圧倒的実力と犀利《さいり》な表現力で日本の言論界に大きな衝撃を与えた永井陽之助の活動の始まりである。

戦後日本の言論界で中心的役割を果たしてきたのは、政治思想史、政治史といった歴史畑の人が多い中で、永井陽之助は、政治理論の出身で、政治社会学、政治行動論、政治意識論、さらに精神医学といった隣接領域にまで、問題意識を拡げ、深化させている。

『平和の代償』はアカデミックな素養と訓練を身につけ、アメリカ留学による社会的経験を身につけた永井陽之助のもっとも充実した時期の作品である。初出はすべて『中央公論』誌上、第一部「アメリカの戦争観と毛沢東の挑戦」は、国防長官マクナマラの数学論的合理主義の戦争観と毛沢東の「農村が都市を包囲する」逆説的戦略論の対比、第二部「日本外交における拘束と選択」は、日本外交の可能性をさまざまに拘束している要因をあげ、選択可能な道を探る。第三部「国家目標としての安全と独立」は、相矛盾する国家目標の価値を慎重に考慮することを説いたもの、発表当時「論壇のバラ〳〵事件」(福田恆存)と称されたほどの衝撃をもった。

永井陽之助の文章はレトリックにも卓越し、全能の幻想、自己充足的予言、弱者の恐喝、他人の経験など巧みなアフォリズムで読者を魅了した。その議論の大筋は今日でも通用する。

取材活動の三原則

1　情報とはギブアンドテイクだ。情報が欲しいと思ったら、面白い情報を取材相手に与えることだ。

2　「書くな」と言われたら絶対書かないことだ。それが信用のモトだ。どうしても書きたい場合、第三の情報源を見つけて確認することだ。

3　ニュースは嗅ぎまわるものではなく、自分でクリエイトするものだ。

（松本重治『上海時代』中央公論社、一九七七年）

国際文化会館理事長だった松本重治氏は、一八九九年生れ。われわれの仰ぎみる大ジャーナリストであった。その回想録『上海時代』は、同盟通信の上海支局長として、若干二十八歳の若さで、日華事変直前の上海に赴き策謀渦巻く国際場裡で取材活動を重ね、ついに西安事件という世界史的大事件のスクープに成功するまでの体験談だが、戦前の日本の上流階級に生れたエリートの実像と風貌と能力がどの程度のものだったかを教えてくれる貴重な書物だ。

この書物は秘められたる現代史であり、チャールズ・ビーアド教授の「日米関係とは中国問題」という名言が、冒頭に語られている。ある意味で今日でも変らない国際政治の構造を示している。ここに掲げた同盟の古野伊之助支配人の語った三原則は新聞記者の取材の原則を語って今日に通ずる名言である。果して今日の新聞記者君は知っているのだろうか。

〈天声人語〉と〈編集手帳〉

万物をやわらかく潤すのが春雨なら、今ごろの秋雨は夏のほてりを冷ますしめやかなイメージか。

(〈天声人語〉『朝日新聞』二〇一一年九月十八日)

茨城県北茨城市。海沿いの国道に面した「二ツ島観光ホテル」の前で、三六枚の黄色い小旗が風に揺れている。

(〈編集手帳〉『読売新聞』二〇一一年九月十八日)

かつて荒垣秀雄や深代惇郎の〈天声人語〉は広く話題になったものだが、最近は話をきかない。『読売新聞』の〈編集手帳〉(別名『名文どろぼう』竹内政明)の方が話題となっている。この日の両紙もそれぞれ震災と関連づけられているが〈天声人語〉の方が、文章が抽象的だ。

春雨に比べ秋雨という言葉は新しく、江戸時代、ひとびとは秋雨という新語を嫌ったということを金田一春彦の文章から孫引きしている。〈編集手帳〉の方は、茨城県のホテルの女将の文章から始まり、具体的で読ませる。

たしかにコラムの文章はむずかしい。誰が書いても批評や悪口が出るのは当然として、自戒のためにも工夫を要する。

その『朝日新聞』台北特派員を務めた野嶋剛氏の『ふたつの故宮博物院――北京と台北』（新潮社）が出た。アジアの問題は今日世界の流れを観察する上でも重要である。また中国大陸とその周辺での民族対立は、想像以上である。北京オリンピックでの聖火リレーが話題になったように、その中心は北京と台北の対立である。新聞こそ生活史の中から外交問題、国際関係の今日を具体的に理解させるメディアであろう。

台湾問題は蒋介石、李登輝をはじめ、北京にとっては頭の痛い指導者が存在している。日本やアメリカにとっても関係は深い。台湾は日本の植民地として児玉源太郎、後藤新平が心血を注いだ場所であり、今日でも親日的気分が残る得がたい地域である。

『朝日新聞』も規模の大を誇るだけでなく、この『ふたつの故宮博物院』のような、解りやすいテーマを見つけ、読者に提供すること、人材発掘を心掛けることこそ中心でなければなるまい。

社会部ダネの元祖

仕立屋銀次は、明治掏摸《スリ》団の大親分。その全盛時代は五百の乾児《こぶん》が手足の如く動き、全国数千の掏摸も、彼の前に頭があがらなかったし、警察官僚も、一目置いている。

（本田一郎『仕立屋銀次』中公文庫、一九九四年）

ジュンク堂の文庫コーナーで見つけた中公文庫であるが、かつては『サンデー毎日』に連載された読物であるという。著者は日々新聞の社会部記者、今日でも『サンデー毎日』が余命を保っているのは、かつてこうした面白い記事を載せたメディアであったことが、読者の側に記憶としてあったためであろう。

たしかに今日の日本の家族崩壊、学校崩壊に基く犯罪は目を蔽いたくなるが、かつての戦前の日本社会でも、その時代特有の犯罪があったのだ。われわれも、仕立屋銀次の名前は説教強盗の名と共に子供ながらにうっすらと記憶にある。子分数百名の掏摸の大親分であったという。こうした掏摸団と警察の関係も面白いが、掏摸の横行も社会の構図を語って面白い。スキャンダルには倦《あ》いたわれわれだが、社会部ダネの面白い記事は、われわれの眼を、犯罪に慣れさせる。人間社会のどうしようもない暗部は人間性を巧みに語っている。

戦後にも、社会部ダネの名作記事はあったし、本田靖春の『不当逮捕』など代表作といえよう。今日の社会も、工夫すれば面白い記事はつくれる筈である。しかし、新聞の方で本田一郎のような、面白い記者を育てる余裕を失っている。今日のノンフィクションものは傑作も多いが、『仕立屋銀次』のような味に欠ける。

『蟹工船』がベストセラーになり、ホームレスが日比谷公園や厚生労働省の講堂に寝泊りする今日の世相も、二十一世紀の日本社会の社会相を語っている。金融危機は、社会主義の効用を思い出させる。国家・企業・組合などの新しい関係が模索されるべきだろう。

学芸員万歳！

ケンブリッジではキングス学寮で学んだ。卒業試験の際、初歩的な誤りをして、大学に残るという望みは断たれた。大英博物館で学芸員を募集していると聞き、受験して一九一三年に採用された――。

（平川祐弘『アーサー・ウェイリー――「源氏物語」の翻訳者』白水社、二〇〇八年）

A・ウェイリーは日本に来たこともなく、日本語を独学して『源氏物語』を訳した、とは前から耳にしていたことだが、大英博物館の学芸員だったことは今回初めて知った。日本の東京大学法学部でも、卒業時の成績で生涯の地位が決まった。トップは大蔵省か日銀に進んだ。もっとも一番は大学に残った。我妻栄が一番で岸信介は二番だった、日銀の三重野明が大蔵省に睨みが効くのは、一高の自治寮で委員長だったためである、といった噂話が、ながく日本の社会を支配していた。

本来、カレッジの生活の充実こそ目標であるべき大学が、いつの間にか試験至上社会に変質してしまった。それと同様なことが、実は英国のオックスブリッジでも通用していたのである。人間とはいい加減なものである。人間の社会システムは、本来、生涯にわたって、再チャレンジの機会をつくらなくてはならない。他人の選ばないコース、独自な発想こそ、実社会で社会を動かす動因なのだ。"選ばれた少数者"とはそういう意味だろう。

A・ウェイリーが学芸員だったとすれば、日本の学芸員からも、新しい天才が生れる可能性がある。そういえば、萩原延壽、加藤典洋、阿刀田高など、国会図書館の学芸員だった。実際には、今日の学芸員の多くは契約社員である。しかし、奮起して志を立てれば、国際的な仕事もできるのだ。学芸員がんばれ！と声援を送りたいところである。

日本は欧米に劣らない文明社会であることが、日々明確になってきた。アカデミー賞受賞もそうした意味をもっている。日本人よ、ローカルにならず国際人を目指せ！

時勢への禁欲

わたくしの抽斎を知ったのは奇縁である。

（「澀江抽斎」『鷗外選集8』東京堂、一九四九年）

昭和二十年代、敗戦後一〇年間の文学活動は、さかんであり、豊かであり、異常なまでの緊張に満ちていた。それは帝国日本の崩壊と海外からの民族大移動ともいうべき数百万の日本人の引き揚げが背景にあった。

安吾、太宰を含む無頼派の文学、大岡昇平、武田泰淳、椎名麟三、野間宏などの第一次戦後派の文学作品は今日改めて再検討、再評価に価する。

こうした流れの他に、若い私にとっては、忘れがたい出版活動が二つあった。

その第一が、東京堂から出版された『鷗外選集』であり、第二が筑摩書房から出版された『中島敦全集』であった。戦時中に少ない作品を発表しただけで亡くなった中島敦の存在を私はこの全三巻の全集で初めて知った。時代状況を越えた静謐な敦の文学世界は、私に文学の効用について考えさせた。

東京堂版の『鷗外選集』は、配本の第一回が「澀江抽斎」で、解説が永井荷風という貴重なものだった。それから数年間、私は鷗外に熱中したが、「澀江抽斎」からスタートしたせいか、後期の鷗外が中心で、「即興詩人」他の鷗外の文学的青春を実感しないまま終ってしまった。

後期の鷗外、史伝物に限定した鷗外の世界は、〝抑制された持続〟ともいうべき姿勢の鷗外で、読む方も時勢への禁欲を強いられた。昨年秋、私の散歩道である雑司ヶ谷墓地の東南の一隅に、おそらく抽斎と縁故と思われる澀江家の墓がおそらく移され埋葬された。私には胸のときめきを覚えるできごとだった。

七〇〇円の訳本　あの感触

私は〈ホモ・ルーデンス〉、遊戯人という言葉も、ものを作る機能と全く同じような、ある本質的機能を示した言葉であり、〈ホモ・ファベル〉と並んで一つの位置を占めるに価いするものである、と考える。

（ヨハン・ホイジンガ『ホモ・ルーデンス』高橋英夫訳、中央公論社、一九六三年、のち中公文庫）

この本の存在を知ったのは、大島康正『時代区分の成立根拠』（筑摩書房、一九四九年）の巻末の参考文献としてだったと思う。ランケ、ブルクハルト、ホイジンガと非マルクス主義の歴史家の系譜として、その『中世の秋』は有名で、中世暗黒論といった単純な議論をくつがえしたことは知っていたが、そのホイジンガに『ホモ・ルーデンス』という著作があることをそれまで知らなかった。人間学に関心のあった私は異常な関心をもった。「ホモ・サピエンス」「ホモ・ファーベル」についての議論はさかんだったが、「ホモ・ルーデンス」とは耳新しい。

私は丸善をブラブラしていて、カール・マンハイムの監修する『知的再建のための国際叢書』（ケガン&ポール社）が上品なクリーム色の装釘《そうてい》で並んでおり、その一冊として、『ホモ・ルーデンス』の英訳本が入っているではないか。ただ、そのときは貧書生の身分で、二八〇〇円の定価を知って、涙を吞《の》んで購入をあきらめた。それから数年し中央公論社に入って本郷の洋書屋の前を通りすぎるとペーパーバックスの同書が七〇〇円だった。そのときの感触はいつまでも記憶に残った。

編集者稼業に深入りして自分でこの書物を訳することを断念。中学以来の旧友高橋英夫君に託した。来社した林達夫さんが自ら翻訳の助言を買って出て、完成して公刊されたとき、「ちょっとした事件でしょ」といたずらっぽいはがきを下さった。カール・マンハイムの訳者高橋徹氏が『朝日ジャーナル』で感激した絶賛の書評を書いて下さった。

青春時代の記念碑

説明を要するのは、近代になって〈工作人〉が評価されたことではなくて、むしろ、この評価に続いてあまりにも早く、労働が〈活動的生活〉のヒエラルキーの最高位に昇格したという事実である。

（ハンナ・アーレント『人間の条件』志水速雄訳、中央公論社、一九七三年）

この書物の存在について最初に私が知ったのは、旧友本間長世君がアメリカ留学から帰国した昭和三十三年、本間君が留学中の最大の事件として語ったのが女性哲学者H・アーレントの存在であった。当時の日本のインテリは反共産主義者として忌避する傾向にあったが、私は『人間の条件』の翻訳の準備をすすめた。不幸なことにテロ事件対策で私が異動を余儀なくされたため中断されてしまった。本間夫人の千枝子さんにはM・マッカーシーの『グループ』の存在を教えてもらったが、どちらも実を結ばず、日本の知的改造は一〇年おくれてしまった。これは、私の生涯の本間夫妻への負い目である。

十余年後、志水速雄君の努力で『人間の条件』の訳書は実現した。労作である。志水君はアーレントに傾倒し、ニューヨークで彼女に会い、その会見記を私は『中央公論』に掲載した。

本書は『全体主義の起源』と共にH・アーレントの主著であるが、人間の活動領域を「労働」「仕事」「活動」の三領域に分類し、近代において〝労働〟の観念が急速に全体を支配してしまった過程と意味を精細に掘り下げて分析したものである。彼女は古代にあっては「活動の領域」全体に対して「観照の領域」が存在し優位にあったことも指摘している。

『ホモ・ルーデンス』と共に『人間の条件』の翻訳事業に曲りなりにも参加できたことは私の青春時代のこよなき記念碑である。

著者紹介

粕谷一希（かすや・かずき）

1930年東京生まれ。東京大学法学部卒業。1955年，中央公論社に入社，1967年より『中央公論』編集長を務める。1978年，中央公論社退社。1986年，東京都文化振興会発行の季刊誌『東京人』創刊とともに，編集長に就任。他に『外交フォーラム』創刊など。1987年，都市出版（株）設立，代表取締役社長となる。現在，評論家。

著書に『河合栄治郎——闘う自由主義者とその系譜』（日本経済新聞社出版局），『二十歳にして心朽ちたり——遠藤麟一朗と「世代」の人々』（新潮社），『面白きこともなき世を面白く——高杉晋作遊記』（新潮社），『鎮魂　吉田満とその時代』（文春新書），『編集とは何か』（共著，藤原書店）『反時代的思索者——唐木順三とその周辺』『戦後思潮——知識人たちの肖像』『内藤湖南への旅』『〈座談〉書物への愛』『歴史をどう見るか』（すべて藤原書店），『作家が死ぬと時代が変わる』（日本経済新聞社），『中央公論社と私』（文藝春秋）など。『粕谷一希随想集』全3巻（藤原書店）近刊。

生《い》きる言葉《ことば》——名編集者《めいへんしゅうしゃ》の書棚《しょだな》から

2014年3月30日　初版第1刷発行©

著　者　粕谷一希

発行者　藤原良雄

発行所　株式会社　藤原書店

〒162-0041　東京都新宿区早稲田鶴巻町523

電　話　03（5272）0301

FAX　03（5272）0450

振　替　00160-4-17013

info@fujiwara-shoten.co.jp

印刷・製本　中央精版印刷

落丁本・乱丁本はお取替えいたします

定価はカバーに表示してあります

Printed in Japan

ISBN978-4-89434-961-2